吳姐姐講聖經故事

⑥聖經中的愛情

吳涵碧——著

【推薦序】

馬丁路德戰勝憂鬱症

【資深媒體人】彭蕙仙

一五一七年的十月三十一日是基督信仰一個石破天驚的日子。這一天，三十三歲的奧古斯丁修會修士、威登堡神學教授馬丁．路德，在威登堡教堂的大門張貼了《九十五條論綱》，列出反對贖罪券的九十五條論點。

這個舉動啟動了宗教改革，以「因信稱義」為信仰核心的基督新教自此誕生；然而，馬丁．路德的神學見解形同直接挑戰羅馬教皇權威，權貴好友圈極度不爽，教皇不但將路德逐出教會，還罵他是主葡萄園裡的一頭「野豬」，充滿羞辱；樞機主教和神聖羅馬帝國的皇帝查理五世都要求路德收回這些論點，但他毫不猶豫地拒絕了，他說：「我不能也不願意收回任何東西…這是我的立場，我只能這樣做。」即使面臨死亡的威脅，路德仍堅持不改其志。

如此雖千萬人往矣的勇氣並非理所當然。路德曾說過自己的神學並不是一蹴而成的，他說：「神學家誕生在生活、死亡與懲罰中。」馬丁．路德強調自己曾經歷一層又一層的尋找。在吳姐姐這本解析《聖經》〈雅歌〉的著作裡，細膩地描述了路德與神相遇的歷程。

青年時期的路德充滿困惑、痛苦與茫然，常常處於一種顛狂與迷失的狀態，知名的發展心理學家與精神分析師艾瑞克．艾瑞克森認為路德有焦慮症，甚至帶有狂躁的精神疾病。他的人生困境主要是來自於失焦的自我，也就是不知道自己是誰、人生何去何從。

其實，這是人生普遍的終極困惑，而對路德來說，他的自我認定危機還有一個催化劑，那就是與父親充滿張力的緊張關係。

路德的父親漢斯．路德出身貧困，一心望子成龍，期待馬丁．路德能夠飛黃騰達、讓全家在社會翻身。不料這個兒子卻進了修道院，從事在父親看來沒有前景的神職工作，因此漢斯十分鄙視兒子的選擇。父子間的關係成了馬丁．路德糾結、困厄、痛苦的最主要來源。

或許可以說，失望的父親帶來的精神折磨，加重了敏感的馬丁的靈魂苦難。所幸上帝為馬丁．路德開了一條路，在他的身邊安排了與他情同父子的奧古斯丁修道院院長John Staupitz。兩人間的情誼不但幫助馬丁．路德體會到他甚少從自己的父親那兒得到的關愛與扶持，也讓他透過John Staupitz的教導得以用不同於當代的眼光探索上帝與人關係；路德之所以能夠擺脫種種自我控訴甚至自我否定與恐懼的核心力量，就是他終於認識了神就是愛，而且這份愛從不向人隱藏。

與神的愛接上線的馬丁．路德知道，神就在燈火闌珊處等他，這讓他感到溫暖篤定，不再心煩意亂，彷彿充飽了電，更如鷹展翅蓄勢待發。

馬丁．路德與自己和解、與父親和解，這一切都是源於他確認了上帝恆久、無私、犧牲的愛，人生故事因而從此改寫——吳姐姐形容的好：「他心裡踏實、生命精采、剛強壯膽、平安喜樂」，這是何等令人羨慕嚮往的人生風景。

上帝的呼召讓路德找到了讓自己安身立命的人生答案，總是自我定罪的路德懂得了自我接納、顛狂的心緒終於有了平靜安穩，神既愛他，世人的閒言閒語又算得了什麼？盤據心裡的魔鬼也不得不在愛的照妖鏡下現形、退下；長期失眠的路德終於可以安歇，就如同詩人大衛在〈詩篇〉四篇八節裡所說的：「我必安然躺下睡覺，因為獨有你耶和華使我安然居住。」

這份愛讓馬丁．路德深刻體認到基督信仰就是人與上帝直接連線，無須經過宗教性的代理人，因為「信徒皆祭司」。《舊約》〈出埃及記〉十九章六節說：「你們要歸我作祭司的國度，為聖潔的子民。」《新約》〈彼得前書〉二章九節與此呼應說：「惟有你們是被揀選的族類，是有君尊的祭司，是聖潔的國度，是屬上帝的子民。」兩段經文裡的「你們」都是指上帝的兒女。

直接從上帝而來的愛給了路德勇氣和力量，讓他敢於起身對抗當時的宗教和政治權威，如〈雅歌〉八章六節所說的「愛如死之堅強」，真正的愛足以抵擋世間一切磨難考驗，因為你知道自己絕非孤軍奮戰，而有來自上帝的千軍萬馬相守相挺，不離不棄。

只要願意，這份讓馬丁．路德退去幽暗、進入奇妙光明的愛，今天也可以成為你人生的至寶。

〈雅歌〉是《聖經》裡非常不好解的篇章，吳姐姐以人間愛情為經、〈雅歌〉的經文為緯，穿插馬丁．路德的人生故事，交織出上帝與人這宇宙間最扣人心弦的愛的故事，充滿創意與巧思的寫作手法，實在是引人入勝，讀之令人澎湃激昂、無限嚮往。

【推薦序】

雅歌如主向我唱情歌

【名作家】胡為美

聖經「雅歌書」，是所羅門王的詩歌，雖然可能是多人之作，卻是希伯來文所指的歌中之歌，意思是「最美好的」，是聖經所載所有詩歌中，最美的一篇。所以中文翻譯成「雅歌」。此書是一篇男女對唱的情歌／情詩，特色是沒有一篇提到上帝，上帝卻無所不在，是完全心靈的體會。

《吳姐姐講聖經故事》的作者吳涵碧女士，在兩年前剛開始寫作此書時，就與我約定替她寫序，我從小相信心電感應，喜歡閱讀聖經話語，也常晝夜思考觸動我心的聖經金句，但是住在我內心的那個勇敢追求愛與美的小女孩，自以為是，自我設限，並不能夠真正從心靈與誠實的角度來理解愛情。總覺得雅歌書裡對情愛的描述，文字太過露骨，與聖經格格不入，除了最初讀到此書時臉紅心跳，匆匆翻過，淺讀即止。以後讀經時就都因為對此篇心存疑問，視而不見，略過不讀。因此當涵碧突然提出此請，我下意識的反應首先是：「怎麼選中介紹這卷聖經裡最難懂，最不好寫的書？」想要找個理由推辭，但是看到她望向我那堅定中帶著期盼的眼神，我的第二反應竟然是濕了眼眶，「主啊，難道這是祢的旨意嗎？」我們兩人在台北總督西餐廳的角落裡懇切禱告，「書拉密」的平安進入心靈，我的心變得柔軟，我對涵碧說：「讓我先把雅歌書從頭到尾仔細再讀一遍，如果有感動，我願意聽候神的帶領，努力試試看為你的新書寫篇蒙神心意的短序好嗎？」她點點頭，從此我們沒有再刻意提起與此書有關的進度。直到二〇二一年底聖誕夜，收到她的簡訊：「我如期交稿了！這是我寫聖經故事的第六本書，也是我自己最喜歡的一本，主要是藉著寫雅歌書談到如何真正找到神。談到人與人的愛情，神與人的愛，我盡量把雅歌書寫得深與美，以及把天堂地獄，馬丁路德尋求神的經過，因為心有戚戚焉，藉他尋求主的歷程 帶給讀者心靈的啟發。」

二〇二二年二月底，皇冠出版社的主編平靜先生，受涵碧之託，電傳給我此書全稿，一共四十篇，我在太平洋的彼端，挑燈夜讀了好幾個晚上，此時的我，已經愛上了雅歌書裡面男女情愛直指內心的文字描述，那是所羅門王和書拉密女純潔地愛的心聲啊！佳偶越愛慕良人，就越在意自己是否般配，她在忐忑不安中不但看見自己的黑，也能夠看到自己秀美，愛情是一種甜蜜的痛苦，真愛不會讓人瘋狂，不會被理智沖淡，也不會因自重而減少魅力，真愛是外面含蓄，裡面誠實，必須鼓起勇氣追求表白，扭捏作態的人多半會錯失良機，終生抱憾。

情人眼裡出西施，在最合適的時間遇上能欣賞自己的良人，信徒被主吸引而愛慕主，正如佳偶被良人吸引而愛慕良人，因為品嚐到主愛，比酒更美，（本書三十五章）因為認識到主名，如同倒出來的香膏，比世上最美的事物更美。正如本書二十章〈願他用口與我親嘴〉所提。是發自內心的渴慕。

信徒越愛慕主，越會在意自己的言行，越常反省自己，不但看到肉身的全然敗壞，也看到自己已經蒙受恩典，這恩典教我們既脫離這世上從情欲來的敗壞，就得以與神的性情有份，（彼後1：4）恢復秀美的地位。

這兩年來，我悄悄地一讀、再讀雅歌，也請教了幾位熟悉的教會姐妹與北美華人恩典教會的馬嘉玲牧師，我的問題是這樣的：「朋友在寫聖經雅歌書裡的愛情，請問你可以跟我說說你對此卷經書的讀後感受嗎？」聖地牙哥的錢江姐妹，最先回覆我，她的這段話，令我茅塞頓開，她這樣寫道：「雅歌是我最愛的書卷之一，裡面所描述的愛情滋味，在我和丈夫熱戀時體會過，結婚後慢慢失去，去年疫情開始，我和丈夫被困美國，『流亡』中第一個月，我們彼此依存，再次體驗雅歌歌頌的甜蜜愛情。我個人認為上帝創造的婚姻關係原本應該總是如此甜蜜，但因為罪，婚姻再穩固，愛情卻不保鮮，以前我曾把雅歌的夫妻關係作為自己的理想，後來很沮喪，因為無法達到。去年一個人在美三個月，聖靈感動我再讀雅歌，應許『帶我進入和耶穌新的親密』，雅歌如主向我唱情歌，我在靈裡與我主相交聯合，心中最深的渴望被滿足。之後，我的生命明顯成熟自由了，不像以前那樣戀慕丈夫。夫妻關係反而更加和諧自然。現在，對我來說，雅歌所描繪的愛情是真實存在的，也是永恆的，是耶穌和我的愛情。」

我心所愛的啊！求祢告訴我祢在何處牧羊？

「我心所愛的啊！是的！我找到祢了！我找到了我夢寐以求的愛情！」雅歌就是我們與上帝的關係，是與上帝的感情，從夫妻關係，男女情愛中更能夠體會到的理想之愛，完美之情，在人世中求不可得，卻是無比真實地活在我們的心靈之中，活在追求信、望、愛生活的恩典之中。書中三個人物，牧童、君王、黑不溜丟的女孩，比喻上帝和以色列人民的愛，預表基督與神的群羊——教會的關係。是上帝給我們的操練，真理不只是知識，更是要與恩典同存。基督愛我們，是恩典也是真理。」

加拉太書三章2-5節：「我只要問你們這一件，你們受了聖靈，是因為行律法呢？是因聽信福音呢？你們既靠聖靈入門，如今還靠肉身成全麼。你們是這樣的無知麼？你們受苦如此之多，都是徒然的麼。難道果真是徒然的麼。那賜給你們聖靈，又在你們中間行異能的，是因你們行律法呢，是因你們聽信福音呢。

凡是出於聖靈的，都是憑著信心，凡是出於肉體的，都是憑著行為，我們跟隨主的道路，從頭到尾，都是憑著聖靈，仰望神的恩典，重生得救是靠著聖靈，生命成長更是靠著聖靈，靠肉身有極限，是對人的罪性與對神的恩典的無知。世人不願意放下自己的利益，驕傲與自尊，不願意承認自己敗壞，禁不起考驗的本相，所以世人的道路，都是執意靠肉身行事的。平白遭受多少苦難？能夠經歷聖靈與聖靈的神蹟奇事，都是聽信福音，而不是行律法。若不是聖靈在我們心中動工，沒有人會認識耶穌基督是救主，我們還要靠著聖靈的恩典，成全上帝要在我們身上所成就的事。

本書二十一章，馬丁路德的見證，他一路尋找神的心路歷程，最能夠表現出靠肉身的軟弱與極限，神的愛，是他終生尋找的目標，他靠肉體禁食、告解、苦修，依然找不到神，得不到安息，二十四章裡，路德初體驗到愛裡沒有懼怕，卻直到二十九章最後，路德閱讀聖經大衛的詩篇二十二章，被聖靈光照，才終於找到了愛的感動。像是吃到來自天堂的糖（三十章）甘甜一覺到天明，終於找到了神的愛。創建基督教，成就了他為神所用的一生。

吳姐姐為寫此書所付出的努力，神必悅納，願人手一冊，靜心體會主愛的甘甜純美，必有所得！

目錄

1. 所羅門王的寶藏

提起所羅門，大家馬上會聯想到《所羅門王的寶藏》，曾經多次拍成電影。這是英國小說家亨利．華特．哈葛德的成名之作。於一八八五年出版，被譽之為超越《金銀島》之驚險，更甚《湯姆歷險記》的生動。

根據舊約記載，所羅門王是大衛的兒子，出生於西元前一千年。是中東的猶太人君王。統治猶太王國長達四十年。據說所羅門王在耶路撒冷建立了一座聖殿，藏有無數的珍寶。西元前五九七年，以色列被巴比倫國征服，聖殿被毀，寶物下落不明。

《所羅門王的寶藏》這部小說，指出寶藏被放置在非洲某一個角落，二〇〇九年一月二十九日，美國考古學家湯瑪斯．茉維宣稱在約旦南部發現所羅門寶藏。

總之，因為此書，引發了探尋寶藏的熱潮，《聖經》學者認為這是對歷史的誤解。故事的內容是敘述，一位年輕有活力的非洲獵人艾倫．夸特梅。有一回，在偶然的機會下，在開普敦到納塔爾省的船上，認識了英國爵士亨利．柯蒂斯以及約翰．古德上校。他二人邀請艾倫一同去找尋所羅門王寶座的真相。柯蒂斯的弟弟，就因為尋寶，一去不復返。

他們經過了長途跋涉，看到了目的地，並且遇到了當地的國王茲瓦拉，茲瓦拉身邊有一位女巫葛考爾立刻尖叫，「王啊，這群人會毀滅王國！」

國王準備殺掉他們之時，艾倫用掌心雷，就是手槍朝天開了一槍「砰」，接著用掌心雷抵住國王茲瓦拉，並且宣稱「我們是來自外星的神。」這還了得，國王馬上設宴招待。從國王的言行，他們發現，國王極其殘暴。

接著，艾倫等更進一步知道，國王茲瓦拉是前一任國王之弟，發動政變，殺害了兄長，自立為王。

前任國王之子翁波帕在襁褓時期，被母親帶著逃亡。翁波帕現在長大了，聯手王叔伊哈德，以正統王位繼承人的身分，準備發動內戰。

艾倫一行人伸手援助，贏得戰功，茲瓦拉在決鬥之中被亨利爵士斬首。

翁波帕順利登基後，命令女巫葛考爾，帶領一行人去尋寶。女巫心不甘情不願地前往。到達了目的地，艾倫等被女巫陷害，關在歷代國王的墓穴之中，而女巫自己遭巨石壓死。

艾倫一行人在尋找出口的同時，意外地找到了所羅門王寶藏。亨利爵士甚至在半途，尋覓到失散了多年的兄弟。皆大歡喜，榮歸故里，故事到此結束。

好，放下小說，讓我們看一看真實的所羅門，以及他所留下來的無形寶藏。

在《聖經》列王記一開頭，說到大衛王老了，晚上睡覺，即使用被遮蓋，仍然冷颼颼的。一個臣僕建議，「不如為我主我王找一個處女，讓她睡在王的懷中，這樣王就全身暖和了。」

大衛覺得這個建議很好，便說「你去辦吧。」

既然是要獻身伺候大衛的，不能隨隨便便弄一個女孩來交差。於是大費周章，在以色列全境之中，挑選美貌的童女。最後，找到書念的一個美少女亞比煞，她一進宮，眾人都倒抽一口氣，人間絕美、清純、秀麗，一對晶瑩剔透的眸子楚楚動人，大衛王真是豔福不淺。

大衛看到亞比煞，自是非常滿意。從此，每夜抱著美貌的少女安眠。卻沒有與她發生親密關係，畢竟大衛王老了。

後來，印度國父甘地，也學了大衛的方式，在晚年，找了一位美貌處女取暖，同樣也是柳下惠坐懷不亂。

柳下惠是春秋時之魯國人，有一次夜宿郭門，遇到一個沒有依靠的女孩子，於是抱住她，怕她受凍，用自己的衣裳裹住，沒有任何非禮的行為，人們都欽佩他柳下惠坐懷不亂。

抵禦寒冷的方式很多，雖說這也許是中東的習俗，大衛找來亞比煞，仍不免有好色之嫌吧。

大衛曾經偷窺拔示巴出浴，演出殺夫奪妻的憾事，上帝處罰大衛，讓他的第一個孩子死掉了。不過拔示巴接著為大衛生了五個兒子，其中一個就是所羅門。上帝喜愛他，曾藉著先知拿單賜給他一個名字耶底底亞。

無論現實之中，或是《所羅門王的寶藏》這部小說之中，國王永遠是人們競逐的大位。

大衛之子押沙龍曾經叛變，被殺。長子暗嫩，已被押沙龍所殺。現在大衛的第四個兒子亞多尼雅也想學押沙龍的方式，謀竊王位。

亞多尼雅是哈及所生，哈及同樣是嬌滴滴的美女，大衛是俊男，亞多尼雅同樣俊美非凡。大衛宮中是美人窩，亞多尼雅學著押沙龍，為自己預備了華麗的車輛馬兵，又派了五十人在他前頭奔走。這件事情，大衛也知道，顯然他沒有從押沙龍的事件之中得到教訓，他從來沒有責問亞多尼雅：「你這是做什麼事啊。」

奇怪的是，一向對大衛忠心耿耿的元帥約押，這一次卻伸手幫助亞多尼雅，所羅門要爭取王位還非易事。

2. 真命天子

王位是迷人的，大衛第四個兒子亞多尼雅，他想趁著大衛年老力衰之時，一舉政變稱王。他在隱多結這個地方，舉行盛宴，宰了肥牛肥羊，請了眾位王子參加，名單中單單漏了先知拿單和比拿雅，以及所羅門。

先知就是先知道上帝心意的。上帝既然藉拿單送給所羅門一個新的名字——耶底底亞。拿單知道，耶和華想要所羅門繼承王位，他必須阻止亞多尼雅的計謀。

拿單迅速的去找拔示巴，對她說：「現在哈及的兒子亞多尼雅稱王了，你竟不知道這件事嗎？我們的王大衛也還蒙在鼓裡。」

剛剛經歷過押沙龍叛亂，被迫離宮逃難，最後亂平返宮的拔示巴，一聽此言兩手發抖，膝蓋也軟了。

「不要著急，我給你出個主意，你趕快去見大衛王。」拿單教了拔示巴如此如此說，並且告訴她：「隨後我也會進去證實你所言不虛。」

拔示巴就急入內晉見大衛，此時大衛十分老邁。書念的童女亞比煞正在為大衛拍背。

拔示巴向王屈身下拜，王說：「拔示巴，你臉色不好，怎麼啦，你要我為你做什麼嗎？」

她深深吸了一口氣說：「我的主啊，你曾經向婢女，指著耶和華你的神起誓，『所羅門必定接續我作王，坐在我的位置上。』」

「是的，我說過。」大衛王記得此事。

「然而，現在亞多尼雅作王了，請了王的眾子和祭司亞比亞他，以及元帥約押，唯獨王和僕人所羅門，他沒有請。」

「親愛的我主我王啊，以色列眾人的眼目都在仰望你，等你曉諭他們，在我主我王之後，誰坐你的位，不然到時候，我和所羅門都會被殺害了。」說著，拔示巴嚶嚶地哭了起來。

這時，有人報告：「先知拿單來了。」拔示巴趕緊退下。

拿單說：「我主我王，你真的應許亞多尼雅接續王位嗎？他今日下去，大宰牛羊，宴請眾子，他們正在高呼亞多尼雅王萬歲！」

大衛立刻恢復了當年的英明，他吩咐：「叫拔示巴來。」拔示巴進來了，站在王的面前。

王起誓說：「我指著救我生命，脫離一切苦難，永生的耶和華起誓。你的兒子所羅門必接續我作王。」於是拔示巴臉伏於地，向王下拜：「願我主大衛王萬歲。」

接著，大衛又吩咐祭司撒督、先知拿單、耶何耶大的兒子比拿雅進來：「你們要帶領所羅門騎著我的騾子，然後，接所羅門回來，坐在我的皇位上。」

眾人立刻照辦，所羅門騎著大衛的騾子，這可比一匹馬更昂貴，象徵著皇家儀式，一路之上，引起騷動，許多人跟著前往，到了基訓，這是耶路撒冷水源之地，祭司撒督就從帷幕中取了盛膏油的角，用膏膏所羅門。於是吹角，人民大聲呼喊：「所羅門王萬歲！」眾民大聲歡呼，聲動天地。

一傳十，十傳百。聲徹雲霄，彷彿盤根錯節的長串鞭炮，響個不停。這就是大衛為何不在皇宮直接舉行加冕之因。古代沒有視訊，沒有電視直播、電腦直播，唯有所羅門親自走向戶外人群。

大音樂家韓德爾，曾經在這一段《聖經》之中，得到靈感。將眾民華麗的驚天動地，為一七二七年即位的英王喬治三世，譜寫了一首頌歌。一直到今天，每一回英王加冕都會傳唱。他用喇叭與木管，代替當年的角與笛，「神佑吾王，願吾王萬歲，願吾皇萬歲。」

大衛選擇基訓的另一道理，乃是亞多尼雅的盛會，大概離基訓南方六百公尺，位於猶大與便雅憫支派的邊境，因此，他的登基筵席才剛剛完畢，就聽到呼天震地的歡樂之聲，每個人都聽到了，卻不知道發生了什麼事。

約押皺起眉頭問道：「城中何以有此歡聲？」

正說著，祭司亞比亞他的兒子約拿單來了。（這個約拿單，不是掃羅的兒子，大衛的好友約拿單。《聖經》中的人名經常重複，例如新約中瑪利亞有好多個。）

亞多尼雅說：「進來吧，約拿單。你是一個好人，一定是來報好消息的。」

約拿單回答：「我們的王大衛，已經立所羅門為王了，他騎著大衛的皇家騾子，在基訓，先知拿單膏他作王，這就是你們聽到的巨大響聲。」

亞多尼雅請來的眾賓客，一聽此言，立刻鳥獸散，唯恐自己被牽連。

亞多尼雅知道大事不妙，他無處可逃，竟然跑到聖幕的至聖所約櫃處，抓住祭壇的角，緊握不放。因為摩西律法中曾經規定，聖殿祭壇突出的角，是塗有獻祭的牲之血，用來表示贖罪之用，讓那些非故意而殺害別人的人，可以獲得不被報復的保護。

亞多尼雅驚恐萬分地說：「願所羅門王今日向我起誓，必不用刀殺我。」所羅門，這位剛剛上位的新王說：「他若作一個忠義的人，連一根頭髮也不會落在地上，他若行惡必招死亡。」亞多尼雅下來了，連忙跑到所羅門王腳前下拜。

3. 大衛的謀略

「好險」，大衛心中暗呼著。幸虧亞多尼雅的叛變很快就平定了。否則，像上次押沙龍之亂，大衛倉皇出宮，現在他病倒在床上，根本沒有體力逃難。

臣僕們都來到床前，祝賀說：「願王的神使所羅門的名比王的名更尊榮，使他的國位比王的國位更大。」

大衛想哭，他雖然迭經苦難，一生一世都在耶和華的殿中受到了保護。大衛下不了床，就在床上屈身下拜：「耶和華以色列的神是應當稱頌的，因他賜我一人今日坐在我的位上，我也親眼看見了。」

大衛把所羅門叫到床前，這個孩子，從頭到腳，大衛都滿意之至。他閉上眼睛說：「孩子，我現在要走世人必走的路，所以你當剛強作大丈夫。」

所羅門一陣哽咽，大衛拍拍他的肩膀：「你要遵行摩西律法上所寫的，行主的道，這樣，你無論做什麼事，不管到何處去，盡都亨通。你的子孫若謹慎自己言行，以色列國位必長存不斷。」

接著，大衛囑咐所羅門幾件事，其一、約押殺了以色列兩個元帥押尼珥與亞瑪撒，將他們的血，塗在腰間束的帶，以及腳上穿的鞋子。你要照著智慧，不容許他白髮安然下陰間。

說起來，約押一生對大衛忠心耿耿，然而，他雖然沒有參與押沙龍之亂，卻加入了亞多尼雅之變。他絕對是個很難駕馭的角色，大衛曾經幾次三番想要除掉他。

「然而，你要特別恩待基列的巴西萊家族。」大衛閉著眼睛回憶道：「想當初，我逃避你哥哥押沙龍叛亂之時，他們是何等熱情，搬來一大堆物資，有被子、褥子，有盆有碗有瓦器。還有小麥、大麥、炒好的穀子、豆子、紅豆、蜂蜜、奶油、綿羊、奶餅，好像搬家一樣，全部給送了來。這一份風雨故人來之情，你一定要幫助我好好報答。」

「還有，示每，在我去瑪哈念時跟上，用狠毒的言語咒罵我，後來又在約但河迎接我。」大衛要所羅門小心反覆無常的小人，「你是聰明人，你知道該如何待他。」

於是，大衛與他列祖同睡，葬在大衛城。作以色列王四十年，大衛是合神心意的人，不僅是因為他的地位，而是他愛神，神愛他，他一生充滿了戲劇性，困頓流離，勝利歡笑，戰爭的輝煌，曠野的流浪，悲欣交集，終於如嬰兒一般進入神的安息。

國君交接之時，總是點點滴滴為新王謀劃。例如唐太宗，擔心太子高宗仁弱，多找能幹幫手相助。

唐太宗想起了沙場老將李勣，他對太子說：「李勣才智有餘，可是，你對他沒有恩惠，沒有往來。他不見得為你賣命，現在，我罷黜他的官位，讓你有個機會，等我死後，你再起用他作僕射，他到時候，一定會感激你，大大效忠於你。」

唐太宗太能摸察老將軍的心理了。

不過，所羅門首先要對付的對象，不是別人，而是亞多尼雅。原來，他愛上了亞比煞，就是從以色列中挑出來，最美麗的童女。小美女不但容貌秀美，人又乖巧聽話，把大衛伺候得舒服周到，由於大衛沒有親近亞比煞，亞比煞還是個處女，這就使得亞多尼雅貪婪的垂涎。

亞多尼雅去找拔示巴，現在的拔示巴已經是個母后了。

拔示巴心想，無事不登三寶殿，於是問亞多尼雅：「你來是為問候平安嗎？」

「是的，是為平安。」

拔示巴不開口了。

果然，亞多尼雅接著說：「你知道的，這個國家原是歸我的，以色列眾人也都仰望我作王。」自己為自己貼金。

「不料，國反而歸了我兄弟。當然，這也因為他得國是耶和華意思，現在，我有一件小事求你，希望你不要推辭。」

「你說說看。」拔示巴回答。

「是這樣的，求你請所羅門王將書念的女子亞比煞賜給我為妻，因為所羅門一定聽母親，請你一定成全。」

「好，我會替你去問所羅門。」

於是乎，拔示巴就去見所羅門王了。

一見母后來了，所羅門王立刻站起來迎接，並且吩咐人擺上座位，母子二人聊天話家常。

「對了，」拔示巴說：「我有一件小事拜託你，希望你不要推辭。」

「請母親說，我必不推辭。」

「求你將書念的女子亞比煞賜給你哥哥亞多尼雅為妻。」

所羅門氣極，對母親說：「為何單單替他求亞比煞，也可以為他求，把整個國家送給他吧。」

原來，妻子、嬪妃與皇族權勢相關，普遍被看作是政治與財富的一部份。這也就是為什麼押沙龍反叛之時，竟然公開與大衛的嬪妃們親熱，表示佔有了妻妾，也佔有了國家。

所羅門王指著耶和華起誓：「亞多尼雅這話是自己找死送命。」

於是，所羅門派比拿雅將亞多尼雅殺死，他違反了當初他答應所羅門安分守己，得到悲慘的下場。

4. 堅定國位

看到所羅門王的故事，會使人想到中國的一位皇帝，那就是唐玄宗，唐明皇。所羅門王即位的時候，大衛王仍在。所以，當時以色列同時有兩位君王，同樣地，唐玄宗即位之時，高宗仍在。

當高宗決定把皇位讓給兒子之時，玄宗李隆基跪在地上，不斷叩頭，不肯接受。

唐高宗對他說：「你既是孝子，為什麼一定要等我死後，在我的靈柩旁邊即位呢？」所以當時中國有兩位皇帝。

唐玄宗雖然當上皇帝，但是對太平公主十分惜疼。太平公主是武則天的女兒，高宗的女兒，玄宗的姑姑。受到武則天的影響，具有強烈的政治野心。仗著哥哥的寵愛，當時有七個宰相，其中五個都是她的人馬。

太平公主籠絡宮人元氏等人，準備在赤箭粉中摻毒。赤箭粉是一種珍貴的補品，久服可以增加力氣，延年益壽，結果這條毒計被發現了。群臣都勸玄宗當機立斷，他卻在猶豫。高宗重視手足之情，不忍動手，一直到接獲密報，「太平公主準備四日作亂。」玄宗不得不顧念姑姪之情，一網打盡。

太平公主得到消息，跑到深山寺廟之中，躲了三天三夜，然後下山，在家中被賜死。

相同地，剛剛即位的所羅門，也要處理亞多尼雅，他的哥哥叛亂的黨羽。所羅門對祭司亞比亞他說：「你回到亞拿突，歸到自己的田地去吧，你本來是該死的，但是，你在我父親大衛面前抬過約櫃，又與我父親一同受過許多苦難。」他的確對大衛貢獻許多，在押沙龍叛變之中，也是大衛得力的幫手，怎麼變糊塗了呢？

這件事卻是在耶和華的預料之中，當初以利縱容他兩個兒子的胡作非為，耶和華訓斥以利：「你尊重你的兒子，過於尊重我。」因此，他家的後代，不會再有人當祭司了。

關於約押，彷彿太平公主一般能幹，所羅門不能放過。約押聽到了風聲，就逃到耶和華的帳幕，抓住祭壇的角，希望能夠免除被處死的厄運。

有人把這個消息報告所羅門王。所羅門就差遣比拿雅說：「我現在派你去把他殺死。」

比拿雅來到耶和華的帳幕前，對約押說：「王吩咐你，出來吧。」

「不，我不出去，我要死也死在這裡。」約押顯然以此威脅比拿雅。

比拿雅不敢在帳幕前動手，又跑回去請示所羅門王。

所羅門王心忖，摩西律法之中規定，「人若任意用詭計殺了他的鄰居，就是逃到我的壇那裡，也當捉去，把他治死。」因此，約押撒賴也沒有用。

所羅門說：「你可以照著約押的話行，殺了他，將他葬埋。只有大衛王的家必從耶和華那裡得平安，直到永遠。」

然後，所羅門王就令比拿雅做元帥，又用祭司撒督代替亞比亞他。

還有一個咒罵大衛的示每，所羅門王把他召了來。對他說：「你好好待在耶路撒冷，不可以到別處去。你何時過了汲淪溪，何時必死。你的罪就要歸在你自己的頭上。」示每是掃羅家的後裔，示每被軟禁在耶路撒冷，乖乖待了三年。

後來，他的兩個僕人逃到迦特，示每二話不說，騎上驟子往迦特去，逮住僕人，又回耶路撒冷了。

所羅門王就將示每召了來，對他說：「我豈不是要你指著耶和華起誓，並且警戒你，哪日出來，哪日必死嗎？」於是比拿雅殺了示每。

所羅門國位堅定。

所羅門與埃及王法老結親，娶了法老的女兒為妻。接她進入大衛城，這是政治聯姻，按理來說，他應該與以色列女子完婚，才合乎上帝的心意。

雖然如此，所羅門愛耶和華，耶和華也愛所羅門。

有一天，所羅門作了一個奇怪的夢，夢中耶和華向所羅門顯現，對他說：「你願意我賜給你什麼，你可以求。」聽起來像阿拉丁神燈的故事一般，凡所願的，都可以美夢成真。

阿拉丁神話是《一千零一夜》書中的一則故事，阿拉丁是個窮國的年輕人，有一天，遇到一名魔法師，他冒充是阿拉丁的叔叔，要帶阿拉丁去學習手藝。

他們到了附近的一座山上，生起一堆火。魔法師吟唱咒語，地上出現石門，魔法師對阿拉丁說：「地道下面有一盞油燈，你去拿上來，我們就發了財。」

地道長狹陰黑，阿拉丁有點害怕。魔法師給了阿拉丁魔戒保護他。阿拉丁往下走，發現一個地窖，裡面有許多美麗的珠寶，他拿了一些，提著神燈往上走。

魔法師不耐煩，竟然一氣之下，把石門闔上了。阿拉丁無意之中，摩擦魔戒，變出一位巨人，帶阿拉丁回到家。回家之後，阿拉丁想把油燈擦乾淨，不料，又出現更大的巨人，喜孜孜地問：「主人，你要什麼，我是燈神，有求必應。」

「那麼，你給我辦一桌酒席來。」眼前立刻出現豐盛的大餐。後來，神燈還讓阿拉丁娶了公主，當上國王，童話故事東方信仰之中，人是主，神是從，神要聽人的，但是基督信仰中，人是僕人，神才是主。

5. 妓女爭子

所羅門王愛上帝，上基通那兒去獻祭，因為當時還沒有聖殿，他準備了一千隻牛羊作為燔祭，表達他的誠意。

在一天夜晚，所羅門作了一個異夢。夢中耶和華向所羅門顯現，對他說：「你想要我賜給你什麼，你可以求。」

所羅門不假思索地回答：「我的父親，祢的僕人大衛用誠實公義正直的心，在你面前行。祢就向他大施恩惠。又賜給他一個兒子，坐在他的位置上，就是今天的我。」

「耶和華我的神啊，但是，我還是個幼童，不知道該如何治理，僕人我住在祢所選的人民之中，這人民多得不可勝數。」所羅門表示，這是上帝的人民，而不是自己的人民，表示他的謙卑，他也認清楚，上帝才是以色列的首領。

「所以，請賜給僕人智慧，可以判斷是非，不然誰能治理這些民眾呢？」

所羅門的請示，大出耶和華的意料，也得耶和華的喜悅。上帝對他說：「你既然求這件事，不為自己求壽，不求滅除仇敵的性命，單單求智慧，可以稱讚。那麼，我就會應你的請示，賜給你聰明智慧，在你以前，沒有像你的，在你以後，也沒有像你的。」

「你所沒有向我求的，我也同樣賜給你。就是富足與尊榮，使你在世的日子，所有列王中，沒有一個能夠跟你相比的。你若是效法你的父親大衛，遵行我的道，謹守我的律例誡命，我必使你長壽。」

所羅門醒來，發現是一個夢，大大吉祥的美夢。於是他回到耶路撒冷，跪在耶和華的約櫃前面，恭敬地獻上燔祭和平安祭，擺上筵席請眾臣僕同歡。

有一天，來了兩個妓女，一路爭吵而來，還夾雜著嬰兒的哭泣聲。

甲女一手懷抱嬰兒，另一手高高舉著，彷彿籃球明星單手投籃，另一手防止對方搶球。

乙女泣不成聲，勉強平靜了情緒，以哀怨的眼神向所羅門傾訴苦情：「我的主啊，我和這個婦人是室友，同住在一間房子之中。我生了一個漂亮的男嬰，她同時懷孕，過了三天，她也生下一個男嬰，這間房子，就只有我們兩人，沒有旁人。昨天晚上，這個婦人睡覺的時候，自己不小心，壓死了她的孩子。於是，她半夜醒來，趁我睡得正香，把我旁邊的嬰兒抱走，換上她的死嬰。」

「天亮的時候，我起來，要給孩子餵奶。不料，孩子沒有呼吸，我大吃一驚，仔仔細細一看，這不是我的寶寶，我的孩子被甲女搶走了。」

「王啊，請一定為我主持公道。」

這時，甲女把孩子摟得更緊，怒氣沖天地說道：「不是這樣的，這孩子是我的，死孩子是她的。」

所羅門王對乙女說：「這婦人說，活孩子是她的，死孩子是你的。」

乙女不斷搖頭說：「不對不對，活孩子是我親生骨肉，死孩子是她掉包的。」

這下子可難了，雙方各執一詞，互不相讓。房間裡只有她二人，沒有監視器，小嬰兒都長得紅皮臉兒，看不出像誰，那個時代，也沒有辦法檢驗DNA，確定誰是生母。

所羅門王冷眼觀看兩婦人爭吵互罵，不作一聲。

「拿刀來。」所羅門吩咐。

手下立刻奉上一把尖銳的刀，兩婦人與圍觀者都靜默下來，要刀幹什麼？

所羅門王說：「把孩子抱過來。」孩子安穩地躺在所羅門懷中。

所羅門對甲女說：「你說，孩子是你的。」

「是的。」甲女大聲回答。

所羅門又轉向乙女問：「你是說，孩子是你的。」

「孩子是我生的，我怎麼不記得。」

「既然這樣，我把孩子劈成兩半，一半給甲，一半給乙。」所羅門下了裁判。

「不要，不要。」乙女尖利的聲音劃破了全場，「給甲吧，給她吧，千千萬萬不可把孩子砍兩半。」說著乙女痛痛切切地大聲嚎哭。

「你怎麼說？」所羅門又問甲女。

甲女平靜地，不帶一絲感情回答：「我主英明，這孩子不歸我，也不歸她，就把這孩子劈成兩半吧。」

這情勢再明顯不過。比測謊機還靈驗，一下子就現出原形，親生母親怎捨得孩子劈成兩半，另一位婦女卻橫著心，自己的孩子既然死了，乾脆讓別人孩子也死了，好狠的心。

所羅門王緩緩走下了台階，把孩子交給乙女，並且說：「現在我找到活孩子和親生母親，萬萬不可以把孩子劈成兩段。」

這一段所羅門的故事，其實家喻戶曉。人們多稱讚他的英明，殊不知這是他向神求智慧，神也應允了他，才成就了這一段有名的經典之作。《聖經》上說：「耶和華賜人智慧，知識和聰明，都由祂而出。」信奉上帝，不再是聰明的猶太人的專利，你我都可以向耶和華求智慧。

6. 父子情深

大衛離世，所羅門仍然在心中，不停對父親大衛說話，他常常回憶，父子兩人一同欣賞詩，討論詩，點點滴滴都是美好的回憶。

大衛的每一首詩，背後都有一則動人的故事。他回想往事，每一次災難，都是痛徹心扉。每一回神的拯救，也都是刻骨銘心。現在留下來的，全是對耶和華的感恩。

「爸爸，你如此愛耶和華，為什麼遭遇這許多的苦難？耶和華不是萬能的嗎？為什麼不高抬貴手？」所羅門的問題，其實也是許多基督徒心裡的難問。

「孩子，耶和華是慈愛的神，許多災難是自找的。」大衛想起他與拔示巴通姦，不料懷了孕，按著猶太律法是要處死刑的。他為了掩蓋罪行，竟然設計殺了拔示巴的丈夫，為國盡忠的烏利亞，為此，他的良心受到責備，痛苦不堪。又不能向任何人訴說。後來，更受到耶和華神的斥責，帶來一連串的苦果，真是自作自受。

「有時候，苦難是別人造成的。」大衛回想，他的人生顛沛流離，掃羅設下天羅地網，他有機會殺掃羅，但是，不忍心下手，被逼得走投無路，真苦。在叛亂逃生時，他也曾赤著腳當眾痛哭。

「孩子，人生絕不可能免去痛苦，就算是自己把事情搞砸了，仍然可以去找耶和華。」

大衛細數，多少時候，周圍全被堵住，到處都是仇敵，只有向天空仰視，從心中吶喊：「求祢使祢的臉光照僕人，憑祢的慈愛拯救我。」

所羅門問：「耶和華在哪裡？我相信祂是存在的，可是，看不見，摸不著。」

「我有時也會埋怨耶和華神，我的神，為什麼離棄我，為什麼不救我，不聽我哼哼的言語。回過頭來一想，我到哪裡可以躲避祢的名，可以逃避祢的面，我們口中的言語，內心的思想，在神面前是完全敞開，一覽無遺的。」

「爸爸，你與獅子搏鬥，與巨人歌利亞相爭之時，會不會感到懼怕？」

「那時年紀小，初生之犢不畏虎，只是一心愛著耶和華神，血肉之軀，哪能與野獸搏鬥，實在是神藉著我的手，完成我不可能完成的任務。」

「寶貝啊。」大衛愛憐地望著所羅門：「耶和華與敬畏祂的人親密，你的心事、你的苦衷，你可以一件一件攤開在祂的面前。向人吐露心事，往往是一件危險的事，唯獨向神，祂一定保密，甚至你可以發牢騷，可以埋怨，可以咒詛人，祂愛你，會向你指示一條道路。」

「神愛世人，我們都是耶和華神的孩子，孩子會跟爸爸生氣，你哥哥押沙龍叛變，我這個做父親的，心中有多少憤恨，你也曾經因此逃難，我依舊愛我的兒子。所以耶和華神的怒氣不過是轉眼之間，祂的恩典仍是一生之父。」

「爸爸，掃羅再三逼迫你，毫無道理，你不生氣嗎？不恨他嗎？」

「我當然會生氣，我也在詩中發洩情緒，不過，我從來不恨他，我愛他，敬他。」說著說著，大衛哭了起來，「我完全沒有搶奪王位的意思。我如此忠心，如此捨命，他為什麼不了解，我心中萬般委屈，只有耶和華神了解我。在這個世界之中，每個人都是孤獨的，無依無靠的，沒有任何事物是永遠的，唯有創造天地的主是長存的，我也曾犯過錯，我悔改，也被處罰，我還是希望能合乎神的心意。」

「寶貝，神賜給你才能智慧，得天獨厚，你仍然會軟弱，會跌倒，你要常常自己對自己說，耶和華是我的力量，是我的盾牌，我心裡依靠祂，就得幫助。所以我心中歡樂，這就是為什麼我寫了那麼多的詩歌頌讚祂，你明白了嗎？」

「我只是一個小小的牧童，做夢也沒有想到，今天會登上王位，未來，你將繼承我的王位，我住在這個豪華的王宮之中，我自覺渺小，不配，我對耶和華神充滿了愛，充滿了感激，我想為祂造殿，神說，我雙手血腥，這項任務交給了你。」

「你瞧，我已經準備了一些上好的香柏木，我沒有開工，應該不算違反耶和華神的指示，我迫不及待想要親自動手，孩子，你明白為父的心情嗎？」

「這個世界，除了有仇敵之外，還有看不見的惡魔的力量。我曾看過掃羅被鬼附身，好可怕，他也十二萬分痛苦，人在明處，惡魔在暗處，我彈琴頌讚耶和華，惡魔的力量就消失了，但是，不多時，惡魔又來了，只有靠耶和華神，我若不信在活人之地得見耶和華的恩惠，我早已喪膽了，根本活不到今天。」

「其實，耶和華神是無所不在的，祂根本不需要住什麼豪華的殿宇，但是，人看不見神，看到神的殿，比較能感覺到神在其中，寶貝啊，你即將為王，我希望你知道，世上苦人多，每一個人都會陷入苦難和深淵，沒有一個人能夠躲得過，單單生老病死，就有無窮盡的折磨，我幫不了忙，你也幫不了忙，只有耶和華，祂是我們的靠山。」大衛深情地望著所羅門：「你一定要緊緊抓住神。」

7. 建造聖殿

在以色列人出埃及之後四百八十年，也就是所羅門做以色列王第四年，所羅門開始為耶和華建殿，這也是大衛王留下的心願。

聖殿的尺寸比例按照會幕，最奇妙的是設計藍圖是耶和華神，他直接交代摩西。所羅門王所建造的聖殿，採用一切最昂貴的建材，在推羅王的幫助之下，由黎巴嫩進口大量的香柏木，紮成筏子，運到海裡，在指定的地方拆下。當然，所羅門也送去了兩千公噸的麥子，以及四十萬公升的純橄欖油作為回報。

所羅門全國總動員，花了七年才完工。有三層的螺旋的樓梯，到處金碧輝煌以及許多比人高的基路伯，就是有翅膀的天使，這是用來代表，建造聖殿，除了看得見的人之外，還有許多看不見的靈界天使。

去參觀過以色列哭牆的人都知道，那兒的石塊大得驚人，這當然不是原先所羅門蓋的聖殿。奇妙的是，建殿之時，完全聽不見錘子斧子各樣鐵器的聲音。

根據《聖經》學者的解釋，有人後來在摩利亞山上，發現了一個巨大的石穴，石穴位於耶路撒冷靠近加界山上，約莫有一個大型劇院之大，地上有幾百萬顆的大小碎石，原來，聖殿的巨石就是在這裡切鑿完成的。奇怪的是，石頭到了這裡，就變得質地柔軟，用小刀就可以切割。但是，石頭到了外面，立刻變得十分堅硬。因此工匠們就在洞穴中工作，切成該有的形狀尺寸，然後再搬出去。

上帝的事就是如此神妙，更奇特的是，所羅門忽然之間，聽到了上帝在說話，「談到你所建的殿，你如果遵行我的律例，謹守我的典章，遵從我的一切誡命，我一定向你應驗我所應許你父親大衛的話，我一定住在以色列人中間。」

所羅門一陣發熱，失去父親的他，彷彿找到了靠山。耶和華神是如此的可畏可敬，卻也是無比的慈愛，雖然看不見，摸不著，卻又是充滿在所有大氣之中。

建殿時間長達七年之久，完工之後，所羅門王當著以色列會眾，放在耶和華的壇前，向天舉手說出一段感人的祈禱詞，這是向耶和華的傾心吐意，也是說給百姓們聽的。

「耶和華以色列的神啊，天上地下沒有神可以與祢相比。祢守約施慈愛，天和天上的天尚且不足以祢所居住的，何況我所建的區區這殿，祢的僕人（指自己）與以色列民在此處祈禱時，懇求祢垂聽赦免其罪。」

所羅門王在深情的愛慕中敬拜，謙卑依伏在神面前，像孩子一般，依偎在神的懷中為眾人求情：「祢的民若得罪你，敗在仇敵面前，又歸向祢，承認祢的名，在這殿中祈禱，求祢垂聽。祢的民因得罪祢，遭到處罰，遇到乾旱，或有饑荒、瘟疫、蝗蟲、螞蚱，或有仇敵犯境，無論遭遇什麼災禍疾病，我一人或眾人自覺有罪，向這殿舉手，求祢垂聽赦免。」

「就是外邦人，聽說了祢的大名，大能的臂膀，向這殿祈禱，求祢垂聽，使天下萬民都認識祢的名，敬畏祢，祢的民若得罪祢，世人沒有不犯罪的人，祢向他們發怒，使他們被俘虜到外邦，回心轉意，懇求祢說，我們有罪，我們作惡了，求祢赦免。」

所羅門似乎看到未來的危機，他跪著，眼眶熱熱濕濕的，接著，站起身，用洪亮的聲音為以色列會眾祝福：「耶和華是應當稱頌的，因為祂照著一切所應許的，賜平安給他的百姓，一句話都沒有落空，正如同祂告訴摩西的，不撇下我們，不丟棄我們。願我們的心歸向祂，以誠實的心，遵行祂的律例，謹守祂的誡命，使地上萬民都知道，唯獨耶和華是神並無別神。」

然而，即使是最虔誠的以色列人民，仍然躲不過人生災難，否則，世界將無死人，耶和華未曾應許天色常青。

二次大戰之時，一位荷蘭籍的猶太女孩，艾蒂·賀蘭森曾經寫下一段動人的祈禱詞，「親愛的主，這是令人焦慮不安的時代，我一個人躺在黑暗之中，眼前一幕幕可怕的畫面。主啊，我不再拿明天的憂慮加重今天的負擔。世界上唯一重要的，就是保護我們心中的祢，也要保護其他人心中的祢。我們現在處境艱難，耶和華啊，祢似乎無法幫上我們，我也無法歸咎於祢，我們必須在心中保有祢，堅守到最後一刻，神啊，謝謝祢，因為有祢，我現在比較平安了，請相信我，我肯定以如死之堅強，愛祢到底。」

「求祢保佑我，別再浪費一分力氣在憂慮上，我每一分每一秒，都要用在愛祢的地基之上，儘管前途是如此不明確。最近，我家後院的茉莉花被暴風摧毀，茉莉花的香氣仍在我心深處綻放，如往日般的清甜，哦主，我全心尋求祢，在風雨交加，天空暗黑的週日早晨，我不只把眼淚與不祥的預感帶到祢面前，我也把芬芳的茉莉花獻給祢，就算我被關在小小的牢房裡，一片雲飄過鐵窗，我也要把那雪花帶給祢，無論發生何事，因為有祢，我的心是一座不容侵犯的堡壘。」這是《打岔的人生》中的一段。

絕大部分的人，不會像猶太人在集中營，卻在死亡前遭受身心痛楚，唯有心中擁有造物主，才能帶來平安喜樂。

8. 榮華富貴

耶穌在馬太福音裡，講過一段極有深意的話，勸人不要為吃什麼、喝什麼、穿什麼而擔憂。看看天上的飛鳥，不種田、不收割，也沒有倉庫存糧，天父還養活牠。再看看地上的百合花，怎麼長起來的，花也不勞苦，也不紡線，然而，所羅門最為榮華的時候，他的穿戴還不如這一朵小花。

由此可見，所羅門三個字，代表人們豔羨的榮華富貴。

所羅門為耶和華神建殿，他也比照聖殿的氣派，為自己建造豪奢的宮殿。聖殿有一定尺寸比例，照著摩西帶來的會幕藍圖，他蓋自己的殿，自然隨心所欲。因此聖殿長六十肘，寬二十肘，長達七年完工。他建造自己的宮殿，竟然花了十三年時間，幾乎多出一倍。

所羅門又建造了利巴嫩林宮。長一百肘，寬五十肘，高三十肘，可見其富麗奢華，遠遠勝過聖殿。宮裡每一件東西都是金光閃閃，銀子算不得什麼，派不上用場。

由於所羅門王，每年得到六百六十六他連得金子，還有商人，其他的王，國中省長進貢的金子，金子多到用都用不完。因此，他用金子打成擋牌二百面，又打成金盾牌三百面，其實，金子根本不能當作武器，完全是用來擺闊的。（擋牌是遮護全身的大盾牌，盾牌是穿在左臂的小盾牌）

他又為自己設計了一個豪華寶座。象牙製成，精金包覆。因為他施與希蘭的船隻，三年載一些寶貝過來，有金、有銀、有稀罕的象牙，還有猿猴、孔雀等珍禽異獸。

所羅門後背是圓形的，六層台階扶手左右各有一獅子，總共有十四個獅子。所羅門坐在王座上面，可見威風神氣。俊美、聰明、高富帥，集所有優點於一身，真是天之驕子也。

他是世界首富，無論財寶，無論智慧都勝過天下所有的列王。普天下的王都爭先恐後，想要求見所羅門，希望聽到耶和華神賜予所羅門的智慧話語。當然，誰都不好意思空手求見。一定選擇上好的金器、銀器、衣服、軍械、香料、騾馬等等當作伴手禮。

《聖經》裡面，記載了示巴女王前來朝見所羅門王的經過。一般認為，示巴是阿拉伯西南端的一個國家。可能是今天的葉門，示巴人很愛黃金、香料以及其他名貴貨物，他們把貨物從印度、非洲運到以色列、敘利亞等地銷售。

示巴女王長途跋涉地走了一千二百哩路來到以色列。隨從的人眾多，還有許多駱駝載著香料，寶石，金子。出發之前，示巴女王做足功課，擬了許許多多的難題，準備考一考所羅門。她經常幻想遇見所羅門王的種種，感到十分興奮，也有一較長短的競爭心理。

由於太多類似示巴女王的仰慕者，宮中經常舉行國宴，宮中的平日開銷驚人，每天所用的食物，細麵三十歌珥，粗面六十歌珥，肥牛十隻，草場的牛二十隻，羊一百隻，還有鹿、羚羊各種肥禽等等。

盼望著、盼望著。示巴女王千里迢迢終於到達耶路撒冷。她看到巍峨壯麗的宮殿，心中「哇」一聲，品嘗到酒席上的珍饈美味，心中「哇」讚嘆。再看看群臣分列而坐，僕人兩旁服侍王，他們華麗的衣服，豐盛的款待，再看到所羅門王上耶和華殿的風采，驚奇得神不守舍。

好戲上演，示巴女王準備了一肚子的難題，想要考倒所羅門王，由於神賜給所羅門王極大的智慧聰明，如同海砂一般不可測量，他的智慧超過東方人、埃及人、所有的人，因此示巴女王的問題，所羅門王兵來將擋，水來土掩，從容不迫，一一答來。

示巴女王每問一題，充滿崇拜愛慕的看著所羅門，所羅門微微一笑，輕輕鬆鬆回答，並且詳細解說，無論人生哲學，黎巴嫩的香柏樹，牆上的牛膝草，飛禽走獸，昆蟲水族，無一不知無一不曉。

啊，所羅門王如此俊美，如此博學，如此溫和，笑嘻嘻與示巴女王一來一往，男人天生喜歡被崇拜，女人天生容易戀慕，示巴女王彷彿吃了甜美的巧克力冰淇淋，那種幸福的滋味從心裡滲透到全身。

所羅門王愉悅的享受女王的崇拜，女王輕輕點頭，表示聽懂了，所羅門王欲罷不能，為她上了許多課。

聽到後來，示巴女王如癡如醉，心服口服，想她也並非凡夫俗子，堂堂女王，滿腹學問，在所羅門王面前，也歡歡喜喜甘拜下風。

所羅門王玉樹臨風，眉飛色舞，充滿自信篤定，示巴女王實在捨不得離開。又不得不告辭了，她對所羅門王說，「我之前聽說你的種種與智慧，我先前不怎麼相信。等到我親眼看到了，才發現人家所說的不及你一半。你的僕人臣子能經常在你面前，聽你智慧的話是有福的，耶和華你的神是應該稱頌的。」

被女王恭維崇拜，所羅門也不免輕飄飄。答應她一切所求，所羅門回贈的禮，必然重重壓過示巴女王所進貢的。

所羅門在自己所寫的箴言中說，求神使我不貧窮也不富足，恐怕我貧窮就偷竊，又恐怕我富足又不認耶和華，在不知不覺浪費奢侈之中，所羅門漸漸偏離了神。

9. 帝王的享受

所羅門王建立了當時世界上最富裕的國家，使人想起比他晚一千年的唐明皇，兩人頗有相同之處。所羅門王年紀輕輕的，剛剛一上任，立刻除掉三個麻煩角色。亞多尼雅、約押、示每。這三人是大衛王最頭痛的人物，所羅門快刀斬亂麻，絲毫不遲疑。

唐玄宗也是如此，即位不久，立刻處理了刁蠻的太平公主，太平公主是武則天的女兒，唐玄宗的姑姑，武則天是中國歷史上史無前例的女皇帝。她為著方便行使統治權，除去女人的裝扮，改穿龍袍，在政治上很有建樹。也效法男性，安置一批男妾。太平公主崇拜武則天，野心勃勃，想過皇帝癮。

太平公主曾經準備用毒藥，謀害唐玄宗。玄宗接到消息，下令逮捕太平公主的黨羽，太平公主躲到山中的寺廟藏了起來。過了三天，乖乖出來自首，玄宗下令自盡而亡。

唐玄宗即位以後，武功興盛，不下於唐太宗時的貞觀之治。杜甫曾經作詩描寫「憶昔開元全盛日，小邑猶藏萬家室，稻米流脂粟米白，公私倉廩俱豐實。」一

所羅門王則管理大河兩邊的諸王，以及從提弗薩到迦薩全地。四境平平安安，從他到別是巴的人都在自己的葡萄樹下、無花果樹下，過著美滿幸福的日子。

所羅門擁有一萬二千名馬兵，他所聚集的戰車有一千四百輛，這些駿馬是他從埃及買來的，一匹馬要一百五十舍客勒，一輛車要折六百舍客勒，銀子多如石頭一般多，香柏木多得如同高原桑樹般不算一回事，迅速累積的財富，成為世界上最富裕的國家。

除了軍事強大，所羅門王滿腹學問，作箴言三千句，詩歌一千零三首，今天《聖經》禮中的箴言、傳道書、雅歌全是所羅門所寫。

再看唐玄宗，同樣擅長於文學藝術，今天京劇最早的祖師傳說就是他。王維、孟浩然、高適、李白、杜甫全是那個時代的大詩人。

唐玄宗、所羅門王在國勢鼎盛之時，認為天下已定，無復可憂，一個不小心，掉入了聲色之中。

好色是人性，無論男女。帝王權力無限，除了受制於自己的觀念、想法與良心

之外，沒有任何力量可以約束，因此，對於色慾，沒有上限。

唐玄宗先寵武惠妃，在開元二十五年，武惠妃過世了。宮中佳麗雖多，沒有一個看得上眼。因此，天天悶悶不樂。

有人稟告唐玄宗，他兒子壽王的妻子楊氏，貌美如花，玄宗立刻召見，一見之下，驚為天人。（這一點，頗似所羅門之父大衛見到拔示巴，不顧她是自己部下烏利亞的妻子，據為己有。）唐玄宗也不管她是自己的媳婦，就想出一計怪招，命令楊氏自請出家，去當女道士，號太真。與壽王離婚，唐玄宗幫兒子壽王另娶一妻，悄悄地把楊氏帶入宮中，在天寶四年，冊立楊太真為楊貴妃。

楊貴妃體態豐滿，好解音律，擅長歌舞，是唐朝人心目中標準的大美人。除了她之外，楊貴妃的三個姊姊，個個絕色，唐玄宗稱之為嬪，各封之為虢國夫人、韓國夫人、秦國夫人。視之為寵妃，而她們全是人家的妻子。

三位夫人，以及楊家的楊括、楊錡合稱為五家，五家人顯赫風光，奢侈浪費，中央與地方官吏爭相巴結，比賽蓋房子，一家造好了，其他四家看著眼紅，竟然把房子拆掉，再重建新家。新居落成，另外四家被比下去了，立刻又毀屋再蓋。就是他們的車馬，也都是香噴噴的，所過之處，香氣數日不散。

當然，排場最大的，自是楊貴妃。玄宗寵愛她到達極致。宮中專門為貴妃織錦刺繡的工人多達七百人，全國各地的人都爭相獻寶，其中王翼所獻最為精美，因此一下子便封官為戶部侍郎，當時人羨慕楊貴妃，所以有首歌謠「生男勿喜女勿悲，君今有女作門楣。」

在京劇之中，有一齣著名的《貴妃醉酒》，描寫楊貴妃備好了宴席，左等右等，等不到唐玄宗，原來玄宗今晚到了梅妃那兒住宿去了。貴妃難過得借酒澆愁，這當然是戲曲家編寫出來的戲，卻也正中楊貴妃的心思，即使楊貴妃再美，環肥燕瘦，各有特色，玄宗豈肯專情。

再看所羅門王，所羅門王先是娶了埃及法老王的女兒，又寵愛許多外邦女子，包括摩押女子、亞捫女子、以東女子、西頓女子、赫人女子，他有七百妃，三百嬪都是外邦女子。簡直是世界選美大會，來自各國的佳麗，每一個都是儀態萬千，美麗大方，每一個國家的代表，也都有各自獨特的美。身為評審員，很難分別高下，所羅門面對眾美女，拿出帝王的氣魄，全都要了。

當然，所羅門精明，有他做為帝王的考量，他想藉此鞏固國力，成為四方鄰國之首領。

總之，就如同所羅門所言「凡我眼所求的，我沒有留下不給他的，我心所樂的，我沒有禁止自己不享受的。」

於是乎，唐玄宗與所羅門，同樣的，樂極生悲，把國家帶到鼎盛，也在死後，國力迅速敗亡。他們好比船長，被女色誘惑，拿著一個鑽子在船底捅了一個洞，洞越鑽越大，終於全船沉了下去，人民一起遭殃。

10. 一千回戀愛

「噹噹噹，噹得底噹」婚禮進行曲響起，司儀高喊「新郎新娘入場」。

這時，大門緩緩展開，一對新人進場，踏上厚軟的紅毯，親友熱熱烈烈地鼓掌著，拋送彩帶，新郎帥氣軒昂，新娘如花似玉，誇張的濃妝，耀眼的禮服，使得他們看起來與平常完全不一樣，彷彿是童話故事中的王子公主。

牆上的屏幕，播放他倆長成的經過，戀愛的儷影雙雙，尤其在介紹人敘述，這對佳偶如何一見鍾情，賓客們分享著閃爍又真實的動人故事，空氣中滿是醉人的花香。

儀式過後，新郎新娘再度入場，新娘換了一襲更美的禮服，在新郎與家人的陪伴下，一桌一桌的敬酒，大家一起拋開現實，活在夢裡，活在繽紛的希望裡，也似乎上演電視連續劇的大團圓場景。心中同五彩的噴泉，禮堂似乎是剛剛炸開的爆米花，笑著、鬧著，興奮著、甜甜蜜蜜，如夢似幻。

晚上的洞房花燭夜，一對新人亢奮的心情，往往是無法睡覺的。

到了第二天，新娘卸下假睫毛換上休閒服，兩人還掉禮服，回到平時艱辛的人生奮鬥。偶爾欣賞結婚照片，耳中傳來當年的美麗迴響，回憶生命中的某一天，扮演過電影中的男女主角。

籌辦婚禮是很累人的，到底是終身大事，想想看，所羅門王有一千妃嬪，其中七百妃都是公主，等於兩年之中，天天都在舉辦婚禮，不知道要花多少錢。

所羅門王曾為埃及公主建殿，其他的公主，個個疼愛有加，他對每一個女人都是真心的。他是大衛與拔示巴的兒子，肯定是個美男子。又集所有的優點於一身，所羅門在箴言中說「你心中不要戀慕他的美色，也不要被眼皮勾引。」自己卻情不自禁，沉醉在國色天香之中。

戀慕是令人陶醉的，陷在情網之中的男女，很自然的會想要認識對方，了解對方。他愛上了西頓的公主，公主拜的是亞斯他錦女神，他基於尊重，因為好奇，也就跟著拜。所羅門和亞捫公主結婚，同樣跟著拜亞捫人的神米勒公。並且建立邱壇。當然，他更是轉去拜埃及諸神。

也許當初所羅門的心意是，建立鄰邦的外交關係。卻又不知不覺陷入了美人窩和網羅之中。在京劇蘇三起解之中，王景隆迷戀蘇三，床頭金盡，所羅門放縱自己情慾，同時寵愛一千妃嬪，民窮財盡，可想而知。上帝耶和華神賜給所羅門智慧，所羅門又何以如此沒有智慧，他也不是故意想要犯罪，而是志得意滿之時，忘記舊約有一段話，你們要盡心盡意去愛你的神，其次要愛人如己。

一個人要如何愛神？神既看不見，又摸不著。且不准雕一個像來拜祂。最重要的，不是憑感覺，而是遵守祂的誡命。

耶和華神在摩西五經之中，老早記載：

以色列國王要遵守三個命令：

——不可為自己加添馬匹

——不可為自己多立妃嬪

——不可為自己多積金銀

國王一登基，得在祭司到來之前，為自己抄錄一部律法書，作為平生誦讀，遵行的典籍，這些所羅門顯然沒有做到。

他所犯最嚴重之罪，就是十誡中的第一條「除了我之外不可有別的神。」

所羅門是最有智慧的人，他知不知道自己犯了罪？當然知道。他應該如何做？

應該趕走所有外邦的嬪妃，撤去所有外邦神的神壇，然後，像他在為耶和華建殿之後，向天舉手說的。

「世上沒有不犯罪的人，他們若想起罪來，懇求祢說，我們違逆了，求祢赦免，願地上的萬民都知道，唯獨耶和華是神，並無別神。」

但是，所羅門做不到，他沒有狠下心腸，趕走他心愛心疼的公主們，戀慕是讓人意亂情迷的，所有的感情之中，只有男女之情會讓人痛苦到自殺，他「博愛」一千嬪妃，想討對方喜悅，想討自己喜悅。再說，他聯姻的目的之一，希望鞏固邦交，若把公主遣回，豈不破壞關係。

因此，所羅門陷在極度的快樂，以及最深的痛苦之中，好像車子的輪胎陷在爛泥之中，動彈不得。表面看來，左擁右抱，樂不可支，其實內心的掙扎不安，對自我的控訴、良心的折磨，彷彿身陷地獄的捆綁，其實，如同酒鬼、賭徒，受不住誘惑，明知不應該，卻也逃不出魔鬼的網羅，回不到平時平安的日常生活。

這個當頭，人憑自己是沒法自救的，耶和華神兩次向所羅門顯現，吩咐他「不可隨從別神」，《聖經》詩篇中所說「耶和華是良善正直的，所以他必指示罪人走正途」。神垂下了慈繩愛索，所羅門卻不願緊緊抓住救生圈。

11. 憐憫的愛

《聖經》有一句話說「你們要為在上位者」禱告，有人不以為然，如果領導者昏庸，也要為他禱告嗎？當然，因為領導者的方向太重要了，事實上，歷史是由少數人所作的決定。智慧如所羅門都晚節不保，何況一般掌權者。

中國人很早就知道這個道理。在唐德宗時，發生了李懷光之亂，朱泚盤據長安，李希烈又攻下汴洲，唐德宗連連嘆氣，「上天太不公平了，這都是天命。」翰林學士陸贄卻頂撞皇帝，「兵連禍結，賦斂日重，是以叛亂繼起。」

建中四年，涇原兵變，德宗逃難到了奉天，陸贄幫忙處理大小事，德宗完全離不開他，有一回過棧道，回頭找不到陸贄，德宗竟然「哇」的一聲大哭起來，立刻下令「找到陸贄者賞千金」

後來，陸贄趕到了，德宗這才破涕為笑，左右臣子都來賀喜。

陸贄建議德宗，現在別無他法，只有下罪己詔，所為罪己詔是皇帝自己向上天承認犯罪，並且口讀於百姓。於是才高八斗的陸贄就為德宗擬了詔書「朕長於深宮之中，居安忘危，不知稼穡之艱難，不恤征戍之勞苦，天譴於上而朕不知，人怨於下而朕不寤，其所加除陌錢，稅間架一律停罷……」

所以，德宗不但承認罪，並且用實際行動減稅表示悔改，因此詔書一下，武夫悍卒為之感動流淚，王武俊、田悅、李納都自動取消王號上表謝罪，這也正如《聖經》所言「憂傷痛悔之心神必不輕看。」

這一篇流傳千古的罪己詔，似乎也適用於所羅門王。因為他不停蓋宮殿，百姓勞民傷財，天怒人怨。

然而，上帝最不能原諒的是他拜別神，為什麼拜別神如此罪大惡極？當初上帝要摩西領以色列民出埃及，為的就是專心敬拜耶和華。搞了半天，所羅門又跟著埃及嬪妃拜埃及神，以及其他許多外邦神，豈不是白忙一場。

耶和華神有自己的價值觀，祂所頒發的十誡，是要建立普世的規範，使得遵守十誡的人民能夠幸福快樂，過著有秩序的生活。

然而，人們因為懼怕，敬拜許多別神，做出許多傷天害理之事，例如獻子。

當初亞伯拉罕百歲得子以撒，樂不可支。上帝卻要祂獻子，他也乖順地舉著火與刀前行。以撒問父親，「爸爸，火與柴都有了，燔祭的羊羔在哪裡呢？」亞伯拉罕回答「我兒，神必然自己預備了。」

果然，天使自天上呼叫他說，「亞伯拉罕，你不可以下手傷害童子，我知道你是敬畏神的。」接著，亞伯拉罕看到小樹中藏了一隻羊，亞伯拉罕又想哭又想笑，高高興興拿了那隻公羊來代替兒子，並且給那地方取名為耶和華以勒，就是耶和華早有預備。

上帝對亞伯拉罕試驗，亞伯拉罕順服，這是鮮見的狀況，而且上帝也沒有真的取了以撒的命。然而，迦南的風俗，獻子祭神卻是常態，這豈不是犯了殺人罪，難怪憐憫的上帝反對敬拜別神。

再看邱壇，許多神明確也有大小不同，超自然的靈力，然而他們的教規，竟然是與廟妓在邱壇上，在青翠樹下行房，這又犯了十誡中不可姦淫之大罪。

在這個性氾濫的時代，人們可以侃侃而談一夜情，並且穿著與迦南人類似，袒胸露背的服裝，其實都不是神所喜悅的。有人以為舊約上帝嚴格，其實新約耶穌更勝一籌，耶穌說，凡看見婦女，心中想與她親熱的，就是犯了姦淫罪。

其他，使兒女經火、占卜、觀兆、用法術、行邪術、算命、通靈，在上帝看來，都是魔鬼。會對身心靈產生不好的影響，也都是敬拜別神的後果。

上帝在舊約之中三令五申，以色列人不可與迦南人立約，不可憐恤他們，不可與他們結親，不可將女兒嫁入迦南人家，也不允許兒子與迦南女子成親。因為這必使你的兒子女兒轉離耶和華，事奉別神。你們一定要拆毀迦南的祭壇，打碎迦南的柱像，砍下迦南的木偶，用火焚燒他們雕刻的偶像，因為以色列民歸耶和華，為聖潔的民。

可想而知，上帝有多麼傷心，想當初所羅門向上帝求智慧，上帝大為喜悅，不但賜與聰明智慧，並且厚賜富足尊榮，在所羅門以前沒有像他的，以後也沒有像他的。不料，所羅門王竟然娶了法老王的女兒，又寵愛摩押女子、亞捫女子、以東女子、西頓女子、赫人女子，擁有一千妃嬪，拜了各種別神，上行下效，以色列人自然跟著拜，他實在闖下大禍。

上帝興起戰爭，所羅門就該如他建殿時所言，趕快懺悔，下令拆除所有邱壇，他卻沒有這麼做。耶和華神卻依然憐憫道，「你做了這些事，不遵守我所吩咐你守的約和律例，我就必定將你的國奪回，賜與你的臣子。然而，因為你父親大衛的緣故，我不會在你活著的時候行這事，而在你兒子的手中將國奪回，並且我還會留一個支派給你的兒子，使大衛後裔常有燈光。」

耶和華有憐憫的愛，且有豐盛無比的恩賜。

12. 愛情如死之堅強

「愛情如死之堅強」，這不是愛情小說中的一句話，這是《聖經》中的話語。

世界上有一種愛，能夠使人自殺，那就是愛情。只有一種愛，會使人殺人，就是愛情。愛情充滿了酸甜苦辣，千般萬種不同滋味。上帝完全明瞭，因為愛情是上帝送給人們的珍貴禮物，也唯有萬物之靈的人類，才能享受愛情的美好。

《聖經》中的雅歌，真實地描寫了愛情，雅歌是舊約之中，眾說紛紜的一卷書。大體說來，分為兩大類。一說這是單純男女相悅的愛情，一說這是神與以色列民，或是基督與教會的關係。兩種都各有道理，我們一一道來。先從愛情開始吧，沒有人不嚮往美好的愛情的。

雅歌，希伯來文的原意是歌中之歌，是最美好最美麗之歌。

中文「雅歌」，翻譯得文雅，中國古代詩經中有樂歌《雅》，其中有不少思婦懷人，志士求愛，桑間陌上，男女相詠詩歌，雅歌之中，也有葡萄園、蘋果樹。

雅歌的第一句話是「所羅門的歌」，這是所羅門王所寫的？所搜集的？還是人們送給所羅門的，各有不同說法。

再看書中主角：所羅門王，牧人，書拉密女。有的《聖經》學者認為，這是一個三角戀愛，純情的書拉密女，最後捨棄了富有的所羅門王，依舊愛戀牧羊人，聽起來很美，問題是，所羅門王何必把自己寫成情場敗將，而且是個壞人，況且雅歌之中，並沒有橫刀奪愛的情節，因此，有人認為，所羅門王與牧羊人是同一人，因為大衛與摩西也曾是牧羊人。

也有學者認為，男主角如果是所羅門王，他有妃七百，有嬪三百。如此妻妾成群，這一段愛情也未免廉價，因此主張，這是民謠。所羅門王編成一個段子，或者，有人知道所羅門王愛歌唱，因此作成歌送給他。

總而言之，雅歌是一個謎，無法確知其來源。但是雅歌細膩地解釋了戀愛男女千迴百折，我們的神，完全明白人類的心思意念，畢竟，亞當夏娃都是神所造的。

來看雅歌吧，如此率真、熱情、大膽、純真，不分男女老幼人種膚色，也不因任何年代而消失的愛情。

一開始是書拉密女獨自相思，她回憶過去，眺望未來，她心中喃喃自語，「親我，再親我，吻我，再吻我，一次、一次，無數次。你的愛情比酒更美，你的名字，彷彿道出來的香膏，所有少女都為你著迷。」

哪個少女不懷春，即使熟女、老女也是。由於新郎是帥氣逼人，條件出眾，每個女子見到都迷醉癡狂，深深被吸引。因此他去到哪兒，必有女子「快跑跟隨」，書拉密女到處受到威脅，感到恐怖，她那麼愛他，其他女子一定也愛他，天啊，處處有許多隨時會衝出來的女子。

書拉密女讀他的名字，看他的名字，寫他的名字，如癡如醉。

書拉密女心中呼喊：「帶我去吧，遠走高飛，我的君王，帶我進入你的寢室，我們歡喜快樂，飽嘗無憂，開懷暢飲，沐浴愛河。你是如此的英俊，如此迷人，如此可愛，現在我明白，她們都愛上你，這是理所當然的。」她心中日夜擔憂，真是苦啊。她雖然被選上當新娘，仍然忐忑不安，她只是平凡的鄉下牧羊女，和耶路撒冷白皙的美女大不相同，在歐美審美文化之中，把皮膚曬得古銅色是一種健康美。在亞洲，很多女子要上醫美打美白針，當時中東地方的準新娘，婚前十二個月，躲在家裡，避免曬太陽，白才是美。

書拉密女惶恐不安，卻又相信新郎就是愛她黑裡俏，在雅歌之中，除了新郎、新娘，還有一個合唱團，就是耶路撒冷的眾女子。書拉密女忍不住自怨自艾，對著耶路撒冷眾女子，在想像之中傾訴心事。

「我雖然長得黑，卻是秀美，儘管黑得如黑羊毛織成的基達的帳篷，但是黑得美。黑得俏，黑得俊，美得像是所羅門宮裏編織的垂幕，你們可不要因為太陽把我曬黑了，就輕看我。都要怪我的弟兄們，不想讓我去戀愛，就故意要我去葡萄園做苦工，修剪，施肥，害我曬得粗粗黑黑。這樣一來，我就沒有辦法打理我自己的葡萄園，沒有時間保養頭髮，也沒有時間用乳液潤滑皮膚，哥哥們也不贊成我的婚事。最糟糕的是，我的心上人啊，求你告訴我，你現在到底在哪裡？我想你想瘋了，你在哪裡牧羊？我到哪去找你啊。中午天氣真熱，羊都懶得吃草，你在哪一個有山邊的地方使羊安歇，天啊，我要怎麼尋找到你？難道，我要蒙著臉，像一個廟妓般，到曠野中一個一個尋找你，然後中途可能遇見壞男人，對我調戲，我要趕快逃開，再繼續尋找。是的，我愛你，我的心上人，我願意不惜一切，我非要非要找到你不可，你知道我的焦慮，我的相思之苦嗎？」

這是書拉密女對耶路撒冷眾女子，傾訴自己思慕之情，充滿了望盡千帆皆不是的幽怨，也正是癡情麗人，才能成就刻骨銘心的愛情。

13. 思愛成病

書拉密女在想情人，想到哭。不知道情人在哪兒牧羊。難道她要像孟姜女，長途跋涉去尋找修長城的萬喜良？這時耶路撒冷的女子全唱道「你這女子中最美麗的，你若不知道情郎在哪裡牧羊，就跟著羊群去找吧。」她們在為書拉密女打氣，「你帶著你的羊一起去找，找到了，就可以把自己的羊，在他的帳篷旁邊放牧。」兩人可以一起徜徉在大自然中，多美。

雖然，太陽酷熱。尤其是中午憩息時，那可是會中暑的啊。再說，一個女孩子，蒙著頭，到處和陌生男人打招呼，這豈不是像廟妓拉客，既羞辱又危險。不然怎麼辦？她的內心焦灼如焚，連氣都喘不過來了，愛情，就是勇敢去追逐。

女人如此，男人又何嘗不是。假如他真正墜入情網，日子再也不好過。

看看《聖經》中的雅各吧，他原來是個精明厲害，狡猾詭詐，為達目的不擇手段，曾經用一碗熱紅豆湯從他的哥哥以掃，奪走了長子位分。後來又在手上、脖子上圍繞毛皮，冒充以掃，欺騙瞎了眼的老爸以撒，得到了長子的祝福。

氣急敗壞的以掃，恨得要殺掉雅各，雅各只好連夜投奔舅舅拉班。

生命走到這裡，似乎是走不下去了。太陽落山，就著一塊石頭當枕，累得呼呼睡去。這時，他在夢中看見，咦，一把梯子，直通到天，天上的耶和華向他顯現，並且開口，「我是耶和華你的神，你的後裔必像地上塵沙那樣多，無論你到哪裡去，我必與你同在。」雅各還看到，天梯旁邊有許多天使上上下下。

雅各驚醒，渾身發暖，他一個人，離開父母，展開逃亡，孤單、恐懼、害怕、憂愁。怎料神飛來抱住他，嗯好甜蜜，好喜悅，也好敬畏，他自言自語，「原來這是神的殿，也是天的門。」

其實，所有地方都是神殿天門，只要我們每一個人，願意敞開心，邀請天父進入。

有了神的同在，雅各步履輕快，到了水井旁，遠遠看見一位美人，嬝嬝婷婷領著一群羊而來。有如嬌花照水，卻又行動敏捷，雅各趕緊向前，以護花使者之姿幫忙。兩人互相對望，彼此凝視，突然，愣住了。驚呆了，他倆以中東禮俗親頰為禮。接著，有如蜜糖的情意全身竄流。

這是標準的一見鍾情，有千百種情緒同時湧上心頭，雅各放聲痛哭，男兒有淚不輕彈，就在那一剎那之間，他徹底拜倒在石榴裙之下。拉結也萬種情思，全在眼前。

雅各的舅舅拉班，是精明狡猾的詐騙高手。他瞄一瞄雅各的滿面淚痕，立刻猜透怎麼回事，先讓雅各做了一個月白工，然後假惺惺地說，「你雖是我的骨肉，也得開一個價錢。」

「我什麼都不要，我只要拉結，我情願白白為你工作七年。」

好一個癡情男子，拉班就等他這句話，爽快地說，「我把拉結給你。」

於是，雅各開始了長達七年癡癡地等，拉班派給他最吃重的工作，白天受盡煎熬，黑夜受盡寒霜，經常整夜未眠。然而，只要隔個幾天，有機會看到拉結，兩人脈脈含情，相視而笑，一解相思之苦，雙方都是彼此的天堂，就是再累，再餓，再冷，再熱，遠遠瞥見有位佳人，在水一方，雅各又全身是勁，繼續做苦工。

七年是悠悠長長的，由於心懷盼望，七年也如七天一般快速。終於盼到了七年，拉班大擺筵席，雅各這個新郎官喝得醉歪歪，回到烏漆麻黑的帳篷，到了第二天早上，發現新娘不是拉結，而是拉結的姊姊利亞，他嚇得如見到鬼一般大叫起來，原來雅各和賈寶玉一般，新娘從林黛玉被換成了薛寶釵。

雅各氣沖沖前去找拉班理論。「你做的是什麼混帳事，你不明白我是為了拉結才做苦工的嗎？你為什麼騙我？」

拉班大氣不喘，一派無辜的口吻說，「大女兒還沒有結婚，先嫁小女兒，我們這兒沒這個規矩。」

「那怎麼辦？」雅各氣憤難消。

「很簡單，過了七天，我就把拉結給你，只是……」

拉班嘿嘿嘿笑彎腰，「你得再為我做七年工。」

雅各愛拉結，沒有第二句話，「好，我答應你。」

接下來的第七天，比前面的七年還長，他完全睡不著覺，不明白事情怎麼會如此發展。拉結對他，他對拉結，都有一種無比的吸引力，兩人都不克自拔，他倒不在乎再做七年工，雅各為了拉結，命都可以不要。

然而，多了一個利亞怎麼辦？利亞是無辜的，卻成為特大號的電燈泡，愛情是容不下一粒砂石的，又不能把利亞趕出去。

雅各對齊人之福沒有興趣，他愛拉結，從看到拉結第一眼，直到她死後，雅各癡情如一，化作春泥還護花。

14. 情人眼裡出西施

愛情是上帝賜給人類奇妙的禮物。西方人說陷入愛河，掉進了醺醺陶陶，如癡如醉如狂的波濤中。中國人說「情人眼裡出西施」，是的，旁人眼中看為普普通通的凡夫俗女，到了情人眼中，莫名其妙驚為天人，我們回頭看「雅歌」

根據以色列習俗，已經訂婚的，就是新郎新娘。然而尚未迎娶，待嫁女兒心中惶惶然，書拉密女坐立不安。

這時，情郎出現了，深情地安慰她：「我親愛的佳偶，你知道你像什麼嗎？你就像法老車上美麗的雌鳥，吸引了所有的雄鳥，男人都拜倒在你的石榴裙下。你烏黑秀髮美的髮辮，你頸項上的珍珠，把你襯托得更雍容，我要打扮你，用全部銀飾，成為最耀眼的新娘子。」

書拉密女瞇起眼睛回憶：「我記得，我們以前吃飯的時候，我身上發出幸福的香氣。比最珍貴的香膏還要濃郁，良人哪，你就是沒藥香包，懸掛在我的懷中，每天每天香味繚繞，我把你看成隱基底葡萄園中的鳳仙花，充滿男子氣概。」

沒藥是名貴的香料，耶穌出生時，東方博士送他的禮物正是黃金乳香沒藥，以色列女人很喜歡掛一袋沒藥，就像中國女子喜歡衣襟別上玉蘭花，或是端午時掛上一個香袋，隱基底在鹽海西邊，以葡萄園著稱。

「我的佳偶，我的新娘。你美麗非凡，而且如白鴿般癡情，純潔，善良，我著迷你清澈的眼神。」

「我的良人，我已神魂顛倒，你如此可愛，我們以青草為牀，以香柏木為枕，在美麗的花園裡，享受我倆的甜甜蜜蜜吧。」

一會兒，新娘又不安了。她嘆氣道：「我只不過是平平凡凡，比比皆是的沙崙的玫瑰花，花中的百合花。」

新郎馬上回過去：「你如果是百合花，其他女人就是荊棘了。」

這一番話讓新娘興奮起來：「我的良人，在男子之中，如同森林中獨一的蘋果樹，在炎炎夏日之時，我依偎在他的懷裡，他右手抱住我，左手挽在我的頭下，空氣中飄散蘋果的香味，良人保護我，好像一面軍旗隨風飄揚，公開表示愛我。」

其實，這一切還是書拉密女的回想，一寸相思一寸灰，她得了相思病，渾身沒力，低呼著「拿一點葡萄酒、蘋果來吧，我得提一提神。」

即或相思成病，書拉密女仍然說「耶路撒冷的眾女子啊，羚羊啊，母鹿啊，不要驚動，不要叫醒我的良人，等他自己情願。」

婚期是催促不來的。

接著，新娘又開始作夢，期待新郎隨時出現，因為猶太的婚俗是如此，不曉得新郎何時而至。「你們聽，這是我良人的聲音，他果然翻山越嶺而來，他像小鹿，像羚羊，在窗格子後面看著我。」她又再編織美夢。

良人說：「我的佳偶，我的美人，趕快起來，冬天已經過去，雨水已經止住，地上百花開放，百鳥鳴叫，斑鳩也已飛回，無花果樹的果子漸漸成熟，葡萄樹也開花放香，等著醞釀葡萄美酒，我的佳人，我的美女出來。」

「我的愛人，我膽小的鴿子，你不要躲在磐石穴中，也不要嚇得藏在陡峭的隱密處裡，求你出來，讓我看看你，看看你秀美的容貌，聽聽你溫柔的聲音，不要躲在閨房裡。」

新娘說：「我看到葡萄園中有小狐狸，趕快捉住，不許破壞，良人屬我，我也屬他。」「我們的愛情中不要狐狸精。」

這一會兒，她回到現實，「我的良人還在百合花中牧羊。」她忍不住心中吶喊：「我的良人啊，求你，求你在天起狂風，日影飛去之時，你要快快回來，你要像羚羊，像小鹿，飛躍山崖，趕快來接我，別讓我再癡癡地等。」

盼了又盼，等了又等，仍然不見人影，她失望極了，倒頭睡著。

她開始作夢，既然情郎不來，不如我自己去找他去。她在夢中，到處覓、到處找，她大街小巷，城中心，廣場裡，失魂落魄到處找，沒有，沒有，沒有，就是沒有人影。

巡邏看守的人發現她，她著急的問：「你們看見我的親愛的沒有？」

更夫瞪了她一眼，誰知道她親愛的是誰？

書拉密女繼續找，咦，眼尖的她突然發現，她看到了良人，這下子，她絕不讓他再走了，她把良人帶到母親的內室。

這時，她又醒來，原來是一場夢。

她又嘆一口氣，「耶路撒冷的眾女子啊，我指著羚羊，或田野的母鹿，囑咐你們，不要驚動，不要叫醒我親愛的，等他自己情願。」

書拉密女開始想像她未來的婚禮，天啊，是所羅門排場的轎子，四周有六十名勇士，腰間佩刀，轎柱是銀做的，轎底是金子打造的，坐墊是最高貴的紫色繡花，那是耶路撒冷的少女們用愛繡成的。

所羅門頭戴冠冕，那是他母親為他戴上的。書拉密女癡心地幻想著，情人眼裡出西施，在書拉密女的眼中，她的牧羊人情人搖身一變成為所羅門王，多帥啊！

15. 卿卿我我

書拉密女終於如願以償，盼到了新郎迎親。

英氣逼人的牧羊人，對著書拉密女，唱起了新娘頌：「我的佳偶，你真美麗，你晶亮明燦的雙眸，在漏空的面紗之下，若隱若現。彷彿鴿子的眼神，如此純美專情。你秀髮如雲，如同羊群臥在基列山旁，毛髮柔滑黑亮，大波浪的捲髮，使人想撫摸親吻。你的牙齒，白淨可愛，如同剛剛出生的小綿羊，整整齊齊，一顆一顆亮晶晶，好像小羊在排隊。你的櫻桃小嘴，又紅又薄，吐氣如蘭。你的臉蛋兒，如同剖開的石榴，白裡透紅，秀色可愛。你的頸項光華挺直，象徵意志力，如同大衛收藏金器的高台。你的項鍊如同一千勇士的盾牌，有俠女的浩然英氣。你的身材曼妙，舉止活潑，如同在百合花下奔跑的一對小鹿。愛人啊，我果然如你所願，在天起狂風，日影飛去之時我回來了。我的佳偶，完美如你，毫無瑕疵。我的新娘，答應我，從亞瑪拿頂山，從示尼珥山，從里門山頂下來吧，離開黎巴嫩，那有獅有豹的地方，跟著我走吧，我保護你。我的好妹妹，我的新娘子，你完全奪了我的心，我的心被你身上的金鐲子捆住了，你瞄我一眼，我就醉倒。你的愛情比酒更美，你身上的香氣，超過一切香精。你的嘴唇甜蜜蜜，如同蜂房滴蜜。你軟軟的舌頭，像蜜糖加了鮮奶，你的衣服，也散發著黎巴嫩的香氣。我的好妹妹，你守身如玉，你是閉鎖的國，禁閉的井，封閉的泉源，你在我心中是一座花園，裡面有石榴、鳳仙花、番紅花、菖蒲、桂花樹、乳香木、沒藥、沉香，美不勝收。美人，在炎炎夏日，你是園中的泉，活水和井，後山上奔流而下的瀑布。」

新娘子聽了這一番讚賞，這樣的甜言蜜語，真是心花怒放。快樂地回答，「無論是冷冽的北風，溫暖的南風，呼呼吹起來吧，吹在我這個花園裡，散播香氣，願我是良人的花園，也是良人的避風港。」

新郎在婚姻中得到幸福與滿足，他說：「我的好妹妹，我進了我的花園，採了我的沒藥與香料，吃了我的蜜我的酒我的奶，我享受一切芬芳馨香。」

這時，他突然發現，糟了，不要怠慢貴賓，於是大聲邀請：「我的朋友們，吃吧，喝吧。」

美好的喜宴過去了，洞房花燭夜的甜美結束了。女人因為沒有安全感，急著想結婚，一結完婚，又有新的不安全感湧上心頭。

書拉密女開始作惡夢：她夢到她在睡覺，其實身體是躺臥著，眼睛是閉著的，心卻是清清醒醒的。突然之間，她聽到了良人敲門的聲音，「咚咚。」

良人說：「我的好妹妹，我的佳偶，我的完全人，求你趕快為我開門。」「我的頭上沾滿了露水，頭髮完全濕透了。」

書拉密女不依，她埋怨道：「不行啊，我脫了衣裳，不想再穿上，而且我洗了腳，不想再弄髒。」以色列是泥巴地，他們又習慣打赤腳，因此上床前一定得洗腳。

她在故作姿態撒嬌著，良人的手似乎自門孔中伸進來，她心一動，急著跳起來，趕緊去開門，手上滴著香噴噴的沒藥，那是為良人特別擦的，她迅速地去開門，天啊，良人已經離開了，這還了得？

她飛奔而出，到處呼喊，大聲叫喚，心中急痛。

城中巡邏的更夫，以為書拉密女是不正經的壞女人，捉住她，打她，傷她，還把她的披肩搶了去。她扯著嗓子叫道：「耶路撒冷的眾女子啊，幫幫我的忙，我囑咐你們，若是遇見我的良人，要告訴他，我思愛成病，我想念他，要他趕快回到我身邊來。」

耶路撒冷的眾女子看她魂不守舍，好奇地問，「你這個女子中極為美麗地，你的良人比起別人的良人，究竟好在哪裡，值得你這樣拚命追求？」

「那你們就不知道了。」書拉密女回答：「我的良人，白裡透紅，臉龐漂亮，他的頭高貴，如同至精的金子。他的頭髮又厚又密，像烏鴉一般黑。（以色列人不會把烏鴉看成不吉利）他的眼睛如同溪水旁的鴿子，黑白分明，眼白似乎被奶洗淨，他的眼神會笑，充滿智慧。他的兩頰，如同香花台。他的嘴唇是百合花，滴下甜甜的汁液，他的手像黃金簪，指甲像鑲嵌的寶石，他的身體，美得像雕刻的象牙，他的腿是黃金座上的玉柱，他玉樹臨風，站得筆直，如同黎巴嫩的香柏樹。他的談吐甘甜，完全可愛，耶路撒冷的眾女子，這就是我的良人。」

其實，書拉密女的良人，正躺在她身邊，睡得香甜。然而，相愛的人，無論男女，經常會作擔憂的夢，夜半驚醒，發現是夢，拍著胸口感恩不已。愛情是享受，也是折磨。

16. 火焰般的愛情

新娘書拉密女做惡夢，夢中新郎又不見了。

耶路撒冷的眾女子非常同情，問她說，「你的良人到哪裡去了，我們好與你一同去尋找。」

「不用了。」她突然之間，極有把握地說：「我的良人，到花園中散步，放牧群羊，採集百合花，要為我編一頂花冠。我屬我的良人，我的良人也屬我。」這時，書拉密女醒過來了，發現良人好端端地睡在身旁，就一面撒嬌一面啜泣，述說剛剛的噩夢，包括被更夫毆打的恐怖經過。

「傻女孩，沒有這種事，我永遠愛你，不離開你。」新郎信誓旦旦地保證。

新娘子仍然恍恍惚惚，心神不寧，新郎又開了口：「我的佳偶，你美得如得撒（得撒是以色列北邊著名的城市，風景如畫），漂亮得像耶路撒冷，你追求愛情的勇氣，如同旗正飄飄的軍隊，讓人不敢直視，求你轉過身子，不要瞅我，因為你的眼神使我慌亂。」

「你的頭髮烏黑光滑，像睡在基列山旁的山羊，你的牙齒白淨整齊，如同才洗過澡的小綿羊，你的臉孔紅通通的，彷彿熟透的石榴。即使有六十王后，八十妃嬪，無數的美少女在我眼前，我的小白鴿，只有你是完美的。是媽媽的掌上明珠，每一個女子，甚且是王后妃嬪見了也要讚美不已，那美麗如月光，皎潔如太陽，神聖不可侵犯的是誰呢，不是我可愛的小蜜糖嗎？」

我走到我的核桃園中，看看山谷中青色植物長出新葉了嗎？葡萄發芽了嗎？石榴開花了嗎？我的心中充滿了歡樂，不知不覺，我的心似乎是安放在達官貴人的車中，我好平安，好滿足。

「書拉密女，來，新娘子來，為我們大家跳舞吧！」新郎興奮地邀請，大家也一塊起鬨，大聲拍手。

書拉密女有些害羞：「你們為什麼要看我跳舞呢？」「像觀看兩支軍隊交戰呢？」顯然，這種舞蹈節奏快，充滿著奔放與活力。在中東，原有婚禮中新娘獻舞的風俗。

新娘子大方地一旋身，開始盡情地舞動搖擺！

新郎一面拍手，一面忘情地擺弄，「我的高貴的公主，你的玉足在舞鞋之中真吸引人，你的腿圓潤如玉，簡直是藝術品。你的肚臍小小圓圓，似乎斟滿了葡萄美酒。你的纖纖細腰，曬成古銅色。彷彿麥浪翻滾，周圍鋪滿百合花的大自然景色，你婀娜多姿，如同原野中跳躍的小鹿。你的頸項，如同象牙雕刻的寶塔，你的大眼睛如此深邃明亮沉穩，你是希實本巴特拉城門旁的水池，清澈乾淨。你的鼻樑挺直，好似黎巴嫩塔遠遠眺望大馬士革。你的頭尊貴，正如同迦密山般堅挺有力。你的頭髮紫黑香軟，下垂的髮絲纏住了我的心。我的親愛的，你何等美好，何等令人喜悅。我的心歡暢快樂。你是一棵亭亭玉立的棕樹，又如一長串誘人的葡萄，你吐氣如蘭，且帶有蘋果的香氣。你的嘴是上好的美酒。」

新娘跳完了舞，含笑對新郎說：「喝我這杯美酒吧，願你全身舒暢，睡得香甜。」

書拉密女有了自信，她說：「我屬我的良人，他也戀慕我。我的良人，我們同行同心，這世界就只你我二人，我們可以去田間，也可在村莊住宿，你想去葡萄園，我們就一起去看葡萄園，看看葡萄發芽了嗎？你要去看石榴花，我們就去，看看石榴放蕊沒有，我要在那兒，把我的愛情獻給你。你發現了嗎？風茄放香，使人醉醺醺，我自己就像甘甜濃郁的果子，我要把我完全獻給你。有時，我會希望你是我的哥哥，我是弟弟，這樣我們在外頭，可以當眾親嘴，人家也不會嘲笑我。我要把你帶回娘家，讓你品嘗石榴汁釀成的香酒，我在你懷裡，沒有人再會驚醒我們。」

耶路撒冷眾女子齊唱：「哇，大家來看唷，新郎新娘手挽著手，肩靠著肩，從曠野回來了。」

新娘鄭重其事地說：「在蘋果樹下，我喚醒了你，這是你母親懷你的地方。生養你的所在。親愛的，你一定要答應我，絕不要去愛上別的女子，你要把我放在心上，如同印記。（印記就像中國人的圖章，一個小小的圓柱，底部雕刻字或圖樣，中間有個洞，可以拿繩子穿過去，掛在脖子上，如同項鍊，需要時可以用印。猶太人和中國人同樣在乎蓋章。）你也要把我帶在臂上如同戳記，因為愛情如死一般的堅強，妒恨如陰間一般殘忍。愛情是天上閃雷的電光，泉水不能熄滅，大水不能淹沒，如果有人要用家中財寶換取愛情，那就是奇恥大辱。」

想當初，書拉密女的兄長反對她交男朋友，認為她還小。尚未發育成熟，如果有人來提親，他若是牆，大家要用銀塔抵擋。他若是門，大夥搬出香柏木攔阻。

書拉密女挺身說：「不必了，省省吧。我自己就是一面牆，我已經長大成熟了，我的愛人用疼惜的眼神護衛著我，我得到無上的幸福與美滿。」

愛情是上帝賜給人們珍貴的禮物，雅歌中的濃情蜜意，甜言蜜語，正是夫妻應該努力學習的。

17. 成為耶穌的新娘

讀完了從愛情解釋雅歌，我們現在要自屬靈的角度詮釋雅歌，這是創世以來的奧秘，也是最浪漫聖潔的情愛。

猶太拉比稱雅歌這一卷書為歌中之歌。他們甚至要脫下鞋子來閱讀，因為猶太人認為，彌賽亞降臨之時，要成為以色列的新郎。

彌賽亞已經降臨了，就是耶穌。祂不只要救以色列，祂要把整個人類自罪惡之中解救出來。

簡單地說，當人們決志信耶穌之時，就與耶穌訂了婚，將來要在天上完婚，走向永恆。無論男女都是耶穌的未婚妻。

當然，這是一種比喻，就好比有人寵愛貓狗，暱稱為毛孩子，自封為爸爸媽媽，人類絕對不會生出一隻狗一隻貓。

同樣地，耶穌與人類不會肉體結合，而是心靈上的合一，牛津大學教授路易斯，在一九四〇年出版的《痛苦的奧秘》中說，「祂愛我們，是以最深最苦，最難教人忘懷的愛，而給了我們擔當不起的恭維。」

沒錯，耶穌與凡人結婚，是一種恭維。也是一種幫助基督徒與神建立關係的方法。畢竟神是靈，看不見、聽不到、摸不著。如何達到新約舊約中第一條誡命，「你要盡心盡性盡力愛主你的神。」就要有一點想像力，熟讀《聖經》，經歷到與神同在，才會真的相信，也會信得深刻。

耶穌在馬太福音中自稱為新郎。當時法利賽人問耶穌，我們常常禁食，為什麼你的門徒不禁食？耶穌回答：「新郎和陪伴之人在一起時，陪伴之人怎能哀痛？等到有一天，新郎離開他們，那時就要禁食了。」

在舊約以賽亞書中也這樣的比喻，「新郎喜悅新婦，你的神也要照樣喜悅你。」

耶穌還對門徒講了許多他們聽不懂的謎語，等到耶穌死了，耶穌又復活了，然後升天了，門徒們才慢慢咀嚼耶穌的話語，原來是以猶太婚禮作為比喻。這只是比喻，譬如耶穌也說，再來的時候，沒有人知道是什麼時候，就像沒有人知道賊何時來，耶穌當然不是小偷。

古老的猶太婚禮很有意思的。一如古老的中國，婚姻大事的掌權者是父親，例如亞伯拉罕派遣僕人找到美貌力氣兼具的利百加。

中國古代有聘金，古代猶太也有禮金。多半是牛羊，駱駝啊，交易談妥之後，要舉行訂婚儀式，在此之後，男女雙方不得與其他異性來往，守貞的觀念也與中國一般強烈。

訂婚儀式是很隆重的。通常由拉比主持，準新郎與準新娘會出席，這與中國古代洞房花燭夜才能一探究竟大不相同。

接下來的程序，更是有別於世界上所有的婚禮。父親會拿起一個任何人都不許碰的杯子，裡面斟滿了酒，然後問兒子：「兒啊，你願意用你的生命付上代價，娶這女子為妻嗎？」

乖乖，這真是最厲害的詢問了。普天之下，有幾人能夠真正做到。

號稱為信心之父的亞伯拉罕，因為妻子撒拉美麗，他們逃難到埃及之前，他竟然對撒拉說：「到了埃及，你要叫我哥哥，我稱你為妹子，免得我遭殃。」

後來，撒拉真的被法老帶入宮中，亞伯拉罕這個窩囊的丈夫還收了一堆牛啊羊啊當聘禮，如果不是上帝斥責法老，叫他趕快停止，亞伯拉罕這頂綠帽子還真的戴上了。

更糟糕的是，亞伯拉罕一連兩次，央求撒拉當妹子，完全沒有保護妻子的意願，上帝也沒有責備亞伯拉罕，因為人真的是好軟弱。

好，回到訂婚儀式，如果準新郎願意，他就要喝下捨命酒。

接著，父親又問未來兒媳：「你可願意接受我兒的代價當禮物？」

如果女方也願意，她同樣要把酒一飲而盡。

這就是耶穌在上十字架之前，祂在客西馬尼園問天父說：「父啊，祢若是願意，就把這杯撤去，然而不要成就我的意思，只要成就祢的意思。」

這時，有一位天使從天上顯現，加添祂的力量。耶穌極其傷痛，禱告更加懇切。汗珠如大血點，滴在地上。

後來，羅馬士兵來抓拿耶穌，祂的大弟子彼得發火，拿起刀來，削掉士兵一個耳朵，神醫耶穌把耳朵裝了回去。並且對彼得說：「我父親要我喝的，我豈可不喝。」

耶穌也對門徒說：「我所喝的那杯，你們也要喝。」後來門徒都殉道了，果真喝下苦酒。

剛剛受洗成為基督徒的人都知道，耶穌為世人釘上十字架，不過，那是為當時犯罪的猶太人說的。耶穌死在前，我生在後，與我何干？

一直要到讀懂《聖經》，明白上帝的意思，原來我們自認為是善的，在上帝眼中未必是善，在我們以為惡的，在祂眼中未必是惡的。

於是，午夜夢迴，神光照耀，發現自己許多罪惡，許多邪惡念頭，不寒而慄。想到末日的審判，嚇得趕快悔改，這才能夠體會耶穌愛我們，耶穌要救我們。

18. 新娘預備好了嗎？

用古代猶太婚禮，來比喻基督徒與耶穌的關係，實在是一件很有意思的事。男女雙方在訂婚之後，還要經過一個潔淨的儀式，就是浸泡在水裡，表示潔淨，就像基督徒決志之後，還要受洗，成為新造的人。

新郎耶穌，是所有基督徒的新郎，祂也曾經受洗。

耶穌的母親瑪利亞，在與約瑟訂婚之後，有一天，天使對她說：「蒙大恩的女子，主和你同在，你將懷孕生子，你可以給他取名為耶穌。」

根據律法，未婚生子，奇恥大辱。人們可以用石頭打死她。

瑪利亞覺得奇怪，她說：「我還沒有出嫁，豈有此事。」瑪利亞事實上也沒有婚前性行為。

天使就告訴她：「這是聖靈的能力。」並且對她說：「況且你表姊以利沙伯，年紀老邁，過了生育期，現在已經懷孕六個月了，懷的是男孩。」

「真的嗎?那真是一件神蹟。」瑪利亞半信半疑跑去找以利沙伯，她住在山上。

以利沙伯證實確有此事，而且對瑪利亞說：「當初也是天使報喜訊的，你的表姊夫撒迦利亞不肯相信，我們年紀都這麼大了，怎麼可能有孩子。結果天使說，因為他不相信，他就要暫時變成一個啞巴，直到孩子生下來才恢復。」

瑪利亞回頭看撒迦利亞，他是一名祭司，他果然咿咿啞啞不能說話，只能比手畫腳亂指一通。

「這樣啊!」瑪利亞就輕拍了以利沙伯的肚子，「小貝比，你好。」尚未成形的胎兒，竟然就興奮地在以沙利伯的肚子中跳起舞來。

以利沙伯也被聖靈感動，高聲說：「你在婦女中是有福的，你所懷的胎兒也是有福的。」

瑪利亞這才相信，她會懷孕，她虔誠地說：「我心尊主為大，以後萬代要稱我為有福的。」

瑪利亞是有福的，也是千辛萬苦的。人們不相信她是處女懷孕，她忍受許多恥笑，幸虧神安排了她的表姐，讓她有一個傾訴心事的閨密。

名字。

後來，以利沙伯生下一個男孩，稱為約翰，他是耶穌的表哥，約翰是天使取的名字。

老夫老妻竟然生了男嬰，鄰里親族都來賀喜。到了第八天，依照猶太人的規矩，要行割禮，他們並且叫娃娃撒迦利亞，和爸爸的名字一般，猶太人經常如此。以利沙伯說：「不可以，他要叫約翰。」

約翰？猶太人總是重複老名字，因此紛紛反對：「你親族之中，沒有人叫約翰的。」

這時，當爸爸的撒迦利亞著急了，拿了一塊寫字的板子，在上面寫著「他的名字叫約翰。」「這是天使吩咐的。」奇怪的是，撒迦利亞寫了約翰，他打結的舌頭就能活動了，他再三地說：「孩子叫約翰。」「感謝主。」

他們老年生子，奇事一件，撒迦利亞竟然變成啞巴，又一下子能開口了，奇事二件，竟然有天使，為小嬰兒命名，奇事三件。消息傳開，猶太山地人人津津樂道，大家都注意著小嬰兒約翰，「這孩子有主同在，不曉得未來如何？」

約翰的確與眾不同，他不分冬夏，穿著毛絨絨的厚衣服，吃的是蝗蟲野蜜，在曠野裡走來走去，口中念著「預備主的道，修直他的路。」他所說的主，就是耶穌。不過，他起初還不知道，耶穌就是彌賽亞。約翰帶領了許多門徒，並且在約旦河為人施洗，表示悔改。

約翰之所以選擇約旦河，一方面是河流不多，更重要的是，那是當年約書亞帶領以色列百姓進入迦南的險關。約書亞命令十二支派的祭司，抬起約櫃，進入約旦河，看起來彷彿是跳河自殺。但是，奇蹟發生了。約旦河從上往下沖的水，突然斷絕，立起成壘。於是，以色列眾人從軟地走過。這和摩西過紅海不一樣，摩西是一舉杖，紅海水退，約書亞的時代，父的信心更強，一腳先踏入水中。

到了約翰的時代，經過了一千多年，約旦河泥濘混濁，不但是地表最低的河，而且在即將流入死海前的低處河段，更是髒臭無比。

利用臭水河來洗禮，更顯示這不是洗身體的表面，杯盤的外面，而是洗靈魂，相信污髒的心靈，與神的相遇，清除過往的污穢骯髒。

有一天，耶穌也來到約旦河。請約翰為他受洗。

約翰拒絕了，他說，「我當受你的洗，你反而來這兒！」在約翰看來，他為耶穌低下身來解鞋帶也不配，解鞋帶是倒數第二低賤奴隸所做的事，倒數第一是洗腳，耶穌曾為門徒洗腳。

耶穌是從聖靈懷孕，沒有原罪，也沒犯過罪。約翰不肯為他受洗，他卻堅持：「你得答應我，我們要盡諸般的義。」因此，準新郎就位，他受了洗，天就開了。神的靈彷彿鴿子落在他身上，天上有聲音說：這是我的愛子，我所喜悅的。

約翰自居伴郎，我們每一個人都是上帝心目中的準新娘，問題是，新娘就位了嗎？準備好了嗎？

19. 絕對的專情

用猶太古老婚禮，比喻耶穌與基督徒之約，是一件有趣又嚴肅的大事。非常奇怪的，猶太訂了婚的新人，不會決定婚禮的日期。因為新郎要回去，準備新房，準備好了之後，還得由父親下最後的決定。

耶穌何時再來，那日子，那時辰，沒有人知道。連耶穌自己也不知道，這是上帝決定的。

新婚之後，新郎會送給準新娘一件白紗。她帶回去之後，刺繡，縫珠花，裝扮得鮮豔奪目閃亮亮的，和今天的新娘子一般，這是女人最美的一天啊。

然後，準新娘望眼欲穿，不知新郎倌何時駕臨，也許是半夜三更，因此十個伴娘就要預先預備好油，否則就失去參加婚禮的機會，也就是不能上天國了。

猶太的新郎一定會來迎娶，同樣地，耶穌也一定會再來。那就是世界末日，末日來臨之前，會有戰爭，瘟疫，地震，饑荒，海洋河流的汙染，超大的冰雹等等。

有準備的基督徒會視之為新世界前的陣痛，平靜期待著。

當然，任何人都有可能，在末日來臨之前死去。

死亡，是中國人最忌諱談到的事，醫院中往往沒有第四層樓，大家都不想說，不小心觸碰，迷信的人要用手指在桌上敲三下，拒絕討論這個話題。

千古艱難唯一死，生離死別之大慟，死刑是最嚴厲的刑罰，天堂卻是最美麗的盼望。不再有死亡，也不再有眼淚，悲哀，哭號，疼痛，與耶穌和親愛的家人朋友永遠相聚，那該有多麼溫馨，單單不再生病就使人嚮往。

在基督徒的喪禮，人們會送上「安息主懷」的輓聯，可是耶穌會不會說「我不認識你。」《聖經》中明白指出，我們進入神之國，必須經歷許多艱難，如果沒有悔改，重生，成為新人，就像新娘子的白紗上，滿是姦淫、汙穢、邪蕩、拜偶像、邪術、仇恨、競爭、忌恨、惱怒、結黨、紛爭、異端、嫉妒、醉酒、荒宴，那就肯定結不成婚，只能哀哭切齒了。

耶穌新娘禮服的準備，不是名牌，而是靈魂的品質，仁愛、和平、忍耐、恩慈、良善、信實、溫柔、節制，這靠自己修，是修不來的。必須與耶穌的靈結合，才能慢慢長出來。

當然，《聖經》提供了知識，《聖經》是有字天書，如果帶著批判輕蔑的心，看不出任何道理，只有懷著敬意與順服的心態，謙卑與受教的誠惶誠恐，神才會顯出奧秘，扎入人心。

神在哪裡，神無所不在。耶穌說，你們叩門，我就開門，一定要先有極其渴慕，非找到神不可的心志。

這時，撒但會來搗蛋，風水、算命、星座、筆仙、氣功、瑜伽、通靈高人，看得人眼花撩亂，引誘正在苦難中的人躍躍欲試。

有位胎位不正的孕婦，許多朋友前來關切，她自以為聰明的對同事們說：「基督徒朋友來，我搬出《聖經》，佛教朋友來，我跟著唸佛經。」滿座哄然，她笑得合不攏嘴。

殊不知，心懷二意的人，不要想從神那裡得到什麼，掌管天地的主宰，豈是凡夫俗子妄想瞞天過海。

也有打坐的朋友，突然之間，倒立、劈腿，做出許多高難度的瑜伽動作，旁觀者嘖嘖稱奇，他自己沾沾自喜，以為走上高人之途，其實是汙鬼上身，災難的起頭。

難道，信了上帝就不可以再好奇？是的，中國人到處拜廟，滿天神佛，多拜多保佑，到處押寶。如果基督徒受洗之後，依然查看黃曆，研究命盤，上帝是輕慢不得的，這個人就嘗不到主恩的滋味。

《聖經》上說，神愛世人。許多人卻絲毫沒有感受，那是因為人不愛神，或者是不專愛神，插頭沒有對準電源，自然不來電。

被愛被寵的滋味是甜蜜的，但是，假如對方是自己所厭棄的，避之唯恐不及。甚且有人因此告上法院，禁止對方繼續騷擾，因此，一個人不真心愛主，無法體會神愛。

世界上的愛，沒有比耶穌的愛更偉大，祂像是多情善良的情郎，為我們的罪受鞭打，鮮血淋漓，雙手釘在十字架上，全身赤條條，忍受羞辱，完全符合古猶太婚禮中的為新娘捨命。

祂死了，祂復活了，祂升天了，祂派了聖靈來，其實就是祂。因為天父、耶穌、聖靈三位一體，祂現在仍在你我身邊，癡癡地等著我們轉身看祂。

人們總是否定耶穌，妄想人定勝天。直到碰上人生最重的打擊，或者依然嚴拒耶穌嗤之以鼻，或者終於順服，在黑暗中把手伸給耶穌，跪下高呼「耶穌救我！」

這個時候，奔向耶穌，開始懺悔，認真讀經，也願意照著耶穌所說的，破碎自己，原諒曾經傷害自己的人，後悔曾經犯下的過錯，希望更多的神光照入胸懷。

於是，看著日出，不再只想攝影，不再討論太陽能發電，而是驚訝，太陽源源不盡的能量，豈不是出於創造天地的主嗎？面對無常人生，你我都需要一雙強壯的手臂，永遠護衛著我們。

猶太未婚夫在訂婚之後，杳無音訊，同樣地，耶穌何時再來，世人不知，耶穌不知，只有上帝知道。

20. 願祂用口與我親嘴

在每一個月第一個主日，教會通常會擘餅，飲用葡萄酒，並且提醒還未受洗的弟兄姊妹不要領受。同時，牧師會唸一段經文，這是主耶穌即將被捕前的深情告白。

「耶穌拿起餅來，祝謝了，就擘開遞給他們說，這是我的身體，為你們捨的。你們也應當如此行，為的是紀念我。飯後照樣拿起杯來說，這杯是用我的血所立的新約，是為你們流出來的。」

接著，信徒分食餅與葡萄酒：啊，何等深情懇摯的癡男子，在天上對著新娘說，不要忘記我啊。

不明就裡者會唐突地問：「耶穌要娶這麼多新娘做什麼？」

嘿，耶穌不是河伯娶親，這只是表示耶穌的愛。

又有人問：「大男人受洗，成為耶穌的新婦，莫非耶穌是同性戀？」

這更是大錯特錯。

神的愛，看不見，摸不著。卻像空氣一樣無時無刻地包圍我們。也是人們自經驗中揣摩的。「天道無親，常與善人」，老天爺似乎不是對什麼人特別親熱，而是看這人是善是惡。「天道酬勤」——上天會酬勞勤勉之人。

中國人對天有無限的遐想，最嚮往的境界是天人合一，即莊子所謂：「天地與我並生，萬物與我合一。」

莊子的說法，美麗又玄妙。《聖經》中的雅歌則是具體地幫助人們進入甘甜，確定自己是神的愛人，也是愛神的人。

先看書中三位主角，書拉密女，她是基督徒。受過洗，代表耶穌新婦。耶路撒冷眾女子，代表慕道友，或是不成熟的基督徒。還有所羅門王，預表復活之後的耶穌基督。

神愛世人，愛世上每一個人，照一個人原來的本相愛他。然而當一個人，成為基督徒之後，神會想改變他，使他成為心目中理想新娘。

例如一個人從街上領回流浪狗，又髒又臭又醜。主人會幫狗洗澡，餵食，看醫師，教規矩，會摸牠抱牠，也會禁止狗亂吼亂咬，成為家中從此相愛的一員。狗有了主人的愛寵，得到安全感，自然而然忠愛主人，跟前繞後，任何人只要看狗一眼，馬上知道牠有沒有主人疼。

當然，人比狗複雜得多，然而人有時心中慌亂著急，和喪家之犬失魂落魄也不相上下，即或身處熱鬧喧譁，心中空空洞洞，漆黑一片。相信許多人在恐懼之中，都有同樣的經驗。

好，我們來看雅歌第一句話：「所羅門的歌，是歌中的雅歌，願祂用口與我親嘴。」

一開始就好戲上場，這絕對不是男女接吻，我們也絕對不能想入非非，與耶穌有任何性的聯想，這裡指的是親吻神的話，願祂的話語進入生命，成為新造的人。

生命帶來改變，絕不是背一百回「愛裡沒有懼怕」，就能剛強壯膽。必須先找到神。盡心盡意盡力愛神，由神的靈帶領。照牧師常說的話就是「操練」，任誰也難逃苦難，我們如同陶器，不停被神雕琢，這裡被刺破，那裡被削掉，非一朝一夕可以完工。

舉一個美好的例證。德國約格辛克牧師，出生於一九二二年，是德國杜賓根大學博士，著作等身，《辛克的深度靈修之路》聞名世界。他也是生態運動發言人，廣受德國人尊敬。

辛克原來非常怕死。很少人不怕死，但是通常在中年之後才思考死亡的問題。辛克不然，兩歲之時，母親去世。三歲時，父親重病不起，他成為孤兒，常常面對父母親的遺照落淚。

十八歲時，辛克懂得戰爭的可怕，更加深了對死亡的恐懼，他不得已加入空軍，天天面對死亡的恐懼，長達五年之久。有一回四百人空軍聯隊出任務，只剩下三人存活，辛克活在窒息之中。

有一天，休假日。辛克遇到一位同袍，憂愁地坐在床上，手裡捧著未婚妻的照片，喃喃地說：「今天輪到我了。」辛克安慰同袍「今天沒事啊」。

同袍把照片放在床上，堅定地說：「死定了。」

三小時之後，警鈴大作，臨時出任務，搜尋潛水艇遇難者，那位心知不祥的同袍果然遇難。辛克恨不得死的是自己，不要再時時面對死亡的威脅。他終於在部隊開溜，回去過聖誕，結果被逮回來，關在監獄中四個星期。

辛克在獄中見到一位法國怪人，身形瘦削，面帶微笑。即便面對粗暴的獄卒，怪人也親切有禮，再三道謝。怪人即將被處死，死前還有嚴刑拷打，他似乎完全不當一回事。人家說怪人是基督徒，辛克好奇地去打開《聖經》約翰福音，看到一句話，「耶穌說，復活在我，生命也在我，信我的人，雖然死了，也必復活。」

噢，原來怪人相信自己永遠不死，難怪死到臨頭，一派輕鬆自在。辛克挺了挺身，「哈，我也要這樣。」從此，辛克不再怕死了。戰後，成為優秀的牧師。

許多年後，在講道中，胸口劇痛，昏倒在地，其他傳道人代講。辛克休息一會兒，開車回家，妻子出遠門，他就上床休息，睡到一半，胸口復疼。

突然，曾經在辛克家住過的某女子，在夢中看到這一幕，嚇醒。打電話給在海德堡的母親，母親立刻飛車，送辛克到醫院，醫生說好險，晚一步就沒命了。

辛克不明白，遠在五百公里外的小女子怎麼知道？答案只有一個，耶穌派遣天使。辛克又深刻了解，《聖經》中的一句話「堅心倚賴你的，你必保守他十分平安。」神的話語如此甘甜，此所謂「願他用口與我親嘴。」

21. 馬丁路德的見證

許多男士對於自己受洗，成為基督徒之後，竟然成為耶穌的新婦，覺得難以接受，似乎有損男子氣概。

我們不妨來看看「男人中的男人」——馬丁路德。馬丁路德是宗教史上的偉人。

因為他，天主教停止腐化。也因為他，創了基督教。他是上帝重用的僕人。

馬丁路德曾言，「如果你在《聖經》中找不到愛，那麼，你還沒有讀懂《聖經》。」他自己，也是費了好大一番工夫，才真正找到耶穌。成為新婦。

今天人們如果參觀羅馬教堂，奢侈豪華，可以想見中古時期教宗之貪腐，有一段時期，凡信基督教的君王也必須服從教宗，包括處理國家內政。

教宗掌握《聖經》解釋權，誰敢不從，逮捕審問。如果還不肯認罪，交於民事法庭。定為邪教，將其火焚。事實上，一般人也看不到《聖經》，教會不許人翻譯

《聖經》，英國人達勒膽敢翻譯，被處死刑。

在權威之下，教宗膨脹自己，宣稱一個人進入天堂之前，必須先經過恐怖的煉獄，因此信徒要認罪、禁食、施捨、朝聖、做彌撒、數念珠、身畫十字架印記……等等，以減少刑罰時的苦楚，這就是當時大環境的氛圍。

一四八三年馬丁路德出生於德國埃斯勒亭，他的祖先世代務農。父親漢斯，為人勤勉，開拓了礦工事業，他的母親生了七個孩子，同樣具有德國人刻苦精神，即使家中生活逐漸寬裕，她還是堅持一人扛下所有家務，經常背負許多重的木材，對孩子們管教十分嚴格，使得路德非常緊張。

到了學校，壓力更重。他七歲入學，成績優異，仍然終日懼怕，每天一大早，天還濛濛亮，就要趕到學校，因為五點多就開始上課，誰要來得最遲，先揍一頓，還得扛上一個特製的木驢，惹得其他同學吃吃恥笑。

扛上木驢的學生，要背著上課一整天，除非其他小朋友犯了錯，老師怒嗚：「現在換某某背木驢。」這才解下重擔。

為了監督學生，老師每週暗暗指派一個間諜學生，稱之為「狼」，狼在同學之中，暗暗記下名字，張三罵人，李四偷吃，王五沒有說拉丁文。

到了週末，開始清算，狼亮出狼牌，公布黑名單，一一上前，接受毒打。路德記得，有天早上，他被打十五次，走在回家路上，摸著紅腫的手心，難過得想哭。

可怕的事還不只這些，礦坑容易出事，一下死好多人，礦坑又容易鬧鬼，路德走在路上，提心吊膽。

他最害怕的，還是隔壁住的女巫，女巫一出現，雞飛狗跳，嚇得四處逃竄，女巫會神不知鬼不覺今天偷了牛乳，明天誰家的牛油不翼而飛，女巫還會害死人，連路德厲害的母親，也因此心神不寧。

有人以為，科學昌明時代，不再有鬼，鬼確實是有的。我從小不信有鬼，認為那是沒有讀過書的人無稽之談。直到婚後，我親愛的先生王壽南教授，因為開白內障爆血失明，其後另一隻眼也幾乎全看不見，沒有任何醫生敢再一試，迫不得已進了道教廟中，堅持一年，天天晚上報到。

一入廟，師父說「兩個」，另一人踏入，他說「三個」。意思是說，你後面跟著兩個鬼，三個鬼，因此，第一件事就要用一把燒紅的香，在每人周身繞一遍。

師父們不是故意嚇人，他的二樓是閒人免進，驅逐趕鬼的地方。

有一位國中女生，腸子絞痛，入台大醫院開刀，病好了回家，不多時，又犯。再開刀，回到家，沒隔多久，肚子絞痛，第三次開刀。第四次再犯時，我親眼見到她父母攙著奄奄一息的女生進來，經過師父作法之後，一蹦一跳地離開。

一位男士，半邊臉是人臉，半邊臉是獸臉，太奇怪了，也是被卡到陰。

有一晚，師父匆匆忙忙自二樓奔下，原來一位女子被黑人的邪靈侵入，哇啦哇啦講英文。師父只會說台語，趕緊下來找翻譯。

師父的兒子當乩童，和善有禮，一念咒語，神明上身，馬上變成另一個模樣，比川劇變臉更詭異。

印象最深的，是一大塊頭女子，被師父按住，坐在椅子上，據說以前向來用粗繩綁住，現在顧念人道，就鬆了綁。師父唸唸有詞，拿著一把香前後繞著她轉。

突然，女子站了起來，走向她媽媽，左右開弓，劈劈叭叭打母親耳光，又亮又響，接著，用手搥打父親的頭，並且用腳踢父親的膝蓋，我永遠忘不了她父親的表情，忍耐痛苦，閉起眼睛，默默承受。似乎是早已習慣女兒的拳打腳踢。

第二天，大塊頭女子沒再來，據說送入神經病院去了，天地之間，確有邪靈，敵暗我明，人生可怖。

一年過後，教授拒絕再入道教廟，師父有能力趕鬼，無法禁止鬼再來，我們到了教堂，振興劉榮宏醫師開刀成功，他一眼復明，我也完全體會馬丁路德怕鬼的道理。

22. 尋找神

馬丁路德的父親原本務農，為了貼補家計，創立了開礦事業。因此路德從小就和礦工們相處在一塊。他喜歡礦工們的粗獷豪邁，充滿了男子氣概。

另外一方面，礦坑充滿危險，礦工隨時會被活埋。因此特別迷信，除了聖母瑪利亞，他們偏愛膜拜聖亞拿，聖亞拿是瑪利亞的母親，《聖經》中並未提到她。而且，根據《聖經》十誡上帝規定，人不可為自己雕刻偶像。

馬丁路德跟著礦工們，敬拜聖亞拿。聖亞拿容光煥發，而且還是個財神爺，沒有一個礦工不想發財。

每當礦坑崩塌，礦工遭難，善良熱情、特別敏感的路德，總是無比難過。除了感嘆人生無常之外，他還會擔心礦工死後的煉獄。礦工活在朝不保夕之中，很容易下工之後，賭博、喝酒、與女人亂來，想來會下到地獄。

路德為死者傷痛，也害怕將來自己會下地獄，他小時候，只要聽見耶穌這兩個字，立刻會嚇得一臉慘白。少年時期在馬德堡，路德看過一本小書。《定罪靈魂的痛苦》書中有一頁插圖，基督嚴厲地站在彩虹上面，一邊是凶狠的天使，一邊是抖縮被定罪的人，這一幕使路德惴惴不安。

除了死後的地獄，路德也怕鬼、怕邪靈，從小就怕。幼年時曼斯菲德有一個小湖，據說，經常鬧鬼，小朋友躲得遠遠的。

這世上確實有邪靈，有不同的惡鬼，當邪靈附身時，人完全變了一個樣。

我有一個真實的經驗，因為寫《吳姐姐講歷史故事》，寫到王陽明打坐，一面好奇，一面想健身，積極學習打坐，果然氣脈通暢，治好痠痛，愈發興趣濃厚，一坐就是四個小時。

有一天，忽然，翩翩起舞，彷彿京劇天女散花，倏地，做出瑜伽中種種最艱難的姿勢，旁觀者稱好，心中得意不在話下。我一向手腳笨拙，怎麼突然道行高深，似乎變了一個人。太美了。

另外有個與我同樣纖瘦型的朋友。她是勤練瑜珈，也同樣旋轉跳舞，比出許多觀音菩薩手勢，心中正在雀躍，猛然間，改為孫悟空上身，跌打翻撲不說，竟然轉身跳樓，她畢竟不是真猴子，跳下來準沒命，眾人急忙抱住她，朋友嚇得一身冷汗，再也不敢練瑜珈。

我也發現打坐高深者，背誦沒有念過的大悲咒，看到股票收盤的最後數字，彷彿有了第三隻眼。其實是莫名其妙的靈附身，不知不覺被牽引到岔路，毛骨悚然，趕快停住煞車。

人謂打坐是修行，武俠小說中邪魔歪道，哪一個不是氣功高手，打坐與修行實在不是一回事。

路德是個乖孩子，成績優異，他希望自己在上帝面前有完全的義，他也希望不要受到鬼神攪擾，可是腦中常出現指責的聲音，一遍遍重複他犯的過錯，他也禁止不了許多不好的念頭，無論思想，行為，依然自私，驕傲，妒恨，發怒，怎麼也改不過來，距離聖潔差得太遠。

路德開始不喜歡自己，討厭自己，不停說一些負面的話嘲笑自己。殊不知正如英國著名牧師，治病趕鬼專家葉光明所言，每一個負面思想，背後有一個負面的靈，正如中國人所謂賭鬼，酒鬼，背後有鬼，很難根絕。

葉光明牧師且說上帝對亞伯拉罕說，祝福你的，我祝福他。咒詛你的，我咒詛他。一個人信上帝，卻咒詛自己，上帝也救不了他。

當時的路德，還不懂這層道理，他只知道，去山中賊易，去心中賊難。求好心切的路德希望能殲滅心中之賊。

十四歲時，路德遇到心目中的典範。

他看到一群人在大街上圍聚，那是馬德堡大主教教堂的附近。有一個乞丐，拿著破布袋，肩上扛著掃把，一拐一拐前行。

人們竊竊私語「這不是乞丐」。

「他是德國一個王子。」

「王子！」眾人叫了起來，「這麼落魄。」

「噓，小聲點，他不是落魄，他是禁食，因為禁食太久了，所以瘦得沒有一點肉。」

聽到禁食，路德肅然起敬。

更奇怪的是，德國王子背後跟了一個人，那人拿著一條長鞭，不斷地抽打王子的背，留下鮮血，淌了整條街。顯然這人是奉王子之命，執行任務。

當時的人都以修道為最崇高，這位德國王子，放棄尊榮，用這種方式想徹底除罪，不再有眼目情慾，肉體軟弱，今生驕傲，遠離塵世，嚮往高潔。

德國王子類似苦行僧的苦修，路德很敬佩。他說，「凡是看見這種情形的，都深為他的虔誠所感動，而以自己世俗生活為羞恥。」

路德進了耳弗特大學，他學拉丁文、法律、數學，他懂音樂、繪畫，樣樣出色。拿到碩士學位之後，擔任哲學助教，他父親希望他將來當律師。

表面的路德有優異的表現，內在的路德依然天天怕鬼，最怕死後向上帝交帳，他想要找到神，卻一籌莫展。

23. 再尋找神

由於天資優異，又比一般人更加用功，大學時代的馬丁路德表現優異。

在入大學之前，還有一件小插曲。他入了埃森的學校，見到他的遠房親戚，其中一位叫哥達的，一見路德便歡喜，誠懇邀他同住。

哥達夫婦沒有孩子，對路德視如己出。夫妻感情非常好，而且真正的虔誠，絲毫沒有做作。

哥達夫人溫柔美麗，總是笑笑地對路德說話，招待他美好的餐點，充滿慈祥。路德常常想，如果哥達夫人是他母親該有多好，他媽媽真是可怕。記得幼年時，路德偷吃了一片核桃仁，被媽媽逮著了，狠狠地毒打一頓。

路德不停哀哀求饒，媽媽怒氣未消，用盡全身力氣，把路德打得頭破血流，似乎要把人生所有怒氣與不滿全部發洩。當然，她絕對要把孩子教好。

路德明白媽媽用心良苦，這樣的嚴厲，也使他想遠離母親，他要逃開。

路得在學校還碰到一件奇怪的事，校長每次遇見學生，竟然脫帽行禮，態度莊重。這和童年時代的嚴師完全不一樣。

路德嘗到了愛，愛是溫和的，愛是甜蜜的，現實生活中的父母，沒有給路德這種體會。照父親的意思，他應該去當一名律師，他也朝著這個方向努力。

一五〇五年七月二日，路德走路回家。晴空萬里，剎那之間，烏黑一片。雷聲隆隆，暴雨傾盆，「哇」的一聲，天啊，他的朋友愛蘭西倒地而死，被雷擊斃。

「聖亞拿，救我！」聖亞拿是瑪利亞的母親，路德狂吼：「我願意，我願意到修道院去。」

他認為，這是上帝在告訴他，他還不夠聖潔。

路德還出了一個意外，他身上的佩劍，不知自己怎麼不小心，竟然劃破大腿，破了動脈，流了一地的血，可怕極了。

路德躺在床上養傷，不斷呼叫：「瑪利亞救我！」他開始嚮往幽靜的修道院生活，離開繁囂的世俗，他一定要更達到聖潔的標準。

到了七月，腿傷痊癒，他就進入奧古斯丁修道院，在中古世紀，神父最受到人們的尊敬，兩年之後，他第一次以神父身分主持彌撒。他父親請了許多尊貴的賓眾來參加，並也在彌撒之後，設宴慶祝，此乃慣例。

路德的父親原本希望他當律師，神父清高卻沒有收入，且加上當時發生瘟疫，路德兩個兄弟都病死，父親心情更是惡劣。

因此，在宴席之時，他父親開炮，「我倒要問問你，你躲入修道院，這究竟是上帝的意思，還是魔鬼的意思？」

接著，父親漢斯又氣憤地指責：「你不當律師，去當修道士，將來就可以不必奉養父母，稱了你的心。」

路德被重拳擊打，他本來就常困惑，自己的心思意念，到底是神的意思，自己的意思，還是魔鬼撒但的意思？被父親的責問，他愣住了，他不能確定。

其實，我們每個人都會受到撒但的攪擾，連耶穌也不例外。路德是非要弄清楚的人，他在大學圖書館第一次讀《聖經》之時，他就大嘆：「這一本書教我愛不釋手，假如哪一天我可以擁有一本，那就是人生一大幸事了。」

路德之所以想入修道院，他也是想讀《聖經》。好了，這一回，他如願以償。不料，愈讀愈迷惑。他不愛上帝，他也不能克制罪的念頭。為此，他十分自責，陷入地獄之中。

路德努力讓自己振作起來。他一向是認真向上，求好負責的。於是，他不斷地禱告瑪利亞，以及瑪利亞的母親聖亞拿。他數念珠，數了又數，把《聖經》背得滾瓜爛熟。他向聖徒禱告，每天換一個，他去向其他神父告解。

馬丁路德拚命懺悔，小時候的，現在的，未來可能的。愈認罪，發現罪愈多。有真實的，有想像的。他沒有得到釋放的感覺，更說不上平安喜樂。

路德開始覺得，別人彷彿在往天堂走，他卻一步步陷入黑洞地獄。問題究竟出在哪裡？他可以裝模作樣，扮演虔誠感動，但是，路德不願意，他必須面對真實的感受。

路德知道，內心深處，他對上帝有反感。在他出生之前，教會已有所謂全大赦，任何人如果加入十字軍，就可以赦免今生的罪，以及以後在煉獄的刑罰。

因此，在十字軍東征之中，有一次是兒童十字軍，領軍的是法國小男生，十二歲的司提反，有好幾千個小男孩響應，他們沒有爸爸媽媽或師長帶領，就準備去收復由回教徒佔據的耶路撒冷。

孩子們懷著無比熱情，父母也搶著把孩子獻給神的心理，幾千人浩浩蕩蕩來到地中海旁邊。

一群商人對小司提反說：「由於上帝的愛，我們願意免費將大家送到耶路撒冷去。」孩子們大聲歡呼，結果全被賣給回教徒當小奴隸。

馬丁路德每次想起，心如刀割，上帝躲到哪裡去了？

24. 眾裡尋祂百度

馬丁路德禁食、告解、苦修。完全不顧身體健康，他依然滿腹疑惑，找不到上帝，也得不到安息。

路德開始失眠，睡不著，聽到奇奇怪怪的聲音，有時也看到黑影。他知道那是魔鬼撒但，經常一靠近枕頭，轟轟隆隆開始吵鬧，敵暗我明，不知如何是好。撒但、魔鬼與邪靈都是同樣的意思。

「剛強壯膽、剛強壯膽」，路德一面背誦經文，一面觀想，「我明明就是害怕」。他又想起一段經文「愛裡沒有懼怕」，他沒有辦法自上帝的愛中，克服與生俱來的害怕。

於是路德開始自我控訴，他發現自己的缺點太多，人生缺失希望，乾脆一死了之。但是，自殺是殺害生命，肯定會下地獄，他毛骨悚然。

人怎麼會想自殺？當然有各式各樣的痛苦。但是，最重要的是，起了自殺的念頭，成為靈魂的破口，自殺的靈，最毒的邪靈，會不斷催促人，跳樓啊，撞牆啊，割腕，這真正是人生最絕望的痛苦。

由於指控的聲音，不停跑出來，提醒路德「你壞，你太壞，你根本不配當修道士。」路德曾咆哮地恨不得一劍刺死自己。

此時的路德，不愛自己，不愛上帝，也不愛別人。被撒但捆綁，掉入黑洞之中，真是苦啊。

其實，任何生物，都有保命的本能，打蚊子，蚊子會飛。踩蟑螂，蟑螂會跑。狗急尚且會跳牆，人為萬物之靈，為什麼會自殺？

耶穌在《聖經》之中，解釋了自殺的來龍去脈。有一次，耶穌與門徒到了加利利湖，格拉森人住的地方，遇見了一個被鬼附身的怪人。

怪人住在墳堆裡，力大無窮，大吼大叫，不需要睡覺，吵個不停。不停在墳墓與山林中奔跑，然後，又搬起石頭，砍自己，砸自己，種種自殘的行為，恐怖極了。

人們嫌他煩，用腳鐐和鐵鍊捆鎖住怪人。

怪人一下子就掙脫了，這就是精神病患性情狂野，力氣無人能比的原因之一。

怪人看見耶穌，其實應該說是，怪人心中的邪靈魔鬼認識耶穌，知道耶穌能趕鬼醫病，怪人已經被撒但魔鬼纏住，不能自主。

怪人就被魔鬼指使，跑過來跪拜耶穌：「不要滅亡我，上帝在末日審判的時候還沒有到。」

耶穌問，「你叫什麼名字？」

怪人回答，「我叫群，因為我們不只一個。」

表面上看來，是怪人在回答，其實，怪人根本莫名其妙，他也不知道，自己為什麼會講出這些話來。

怪人又聽到，他自己張開口說：「拜託，拜託，別把我們趕出格拉森地方」。

這時山坡中，遠遠看到了一群豬，猶太人是不吃豬肉的，因為舊約律法之中，豬是不潔淨的動物，可見他們不遵守律法。

「這樣吧，請耶穌把我們趕到豬群之中。」

耶穌答應了，邪靈集體進入豬群。

在剎那之間，一大群豬又喊又叫，快速奔跑，兩千隻豬一起快跑，咄咄怪事。

豬向來是跑不快的，大肥豬慢悠悠吃飽了睡，睡飽了吃，現在怎麼沒命似地奔逃，彷彿在跑百米。

更特別的是，兩千豬隻，闖下山崖，爭先恐後投海而死。肥豬和各種動物一般，保命為先。在沒有電動宰豬之前，豬若預感半夜被宰，下午開始狂哭，聲音淒厲，因此人們形容哭聲難聽，每每稱之為「像殺豬一般吼哭。」

豬是不會鬧情緒，一向隨遇而安的。牠沒有外遇糾紛、財產困擾、家庭失和，鬼又為什麼要害豬？因為這是魔鬼撒但的本性。

放豬的嚇壞了，嘩啦嘩啦吵著，去告訴城裡的人。鄉下的人，大家都不相信豬會自殺，紛紛跑來看熱鬧。天啊，海裡果然一堆豬屍，豬戶可賠慘了。他們哭喪著臉求耶穌，「祢行行好，趕快走吧。」

那個怪人呢？他突然清醒過來，把衣服穿上，成為正常人了。他知道自己是被鬼附身，感激地對耶穌說，「讓我跟祢走吧。」

耶穌慈祥地拍拍他的肩膀，「你回到家，告訴親人你發生的事，以及耶穌如何憐憫你。」

於是，那恢復正常的人，在低加波利到處傳頌耶穌作為。且慢，趕鬼之事尚未完成，耶穌還說了一個故事。

一個污鬼離開某人，過來過去，鬼是靈，到處穿梭，遊來蕩去，鬼是阿飄，隨時出入任何地方與動物體內。咦，污鬼發現一間房子，打掃得乾乾淨淨，原來那就是它原來待的地方。

污鬼呼朋引伴，帶了七個比自己更壞的惡鬼來，住在同樣的房間，這房間就是你我他任何一個人的身體之中，一個身體中有八個鬼，景況可想而知。

道士能驅鬼，無法阻止鬼再來，唯一的辦法是信仰耶穌、愛耶穌，馬丁路德還再為撒但憂煩，因為他無法愛耶穌。

25. 神啊，祢在哪裡？

馬丁路德憔悴陰暗，終日愁眉苦臉。低著頭，一副大禍臨頭的倒楣模樣。沒有人喜歡和苦瓜臉在一起，他的朋友生氣地指責，「路德，你毫無道理，何必這麼憂愁！我們是修道士，神父地位高於一切人。」

「我為自己，為每一個人會下地獄而不安。」

「教會是出售贖罪券的地方，神父一定上天堂。」

「真的嗎？」馬丁路德不以為然，「經文中說，你們要完全，像你們的天父一般，我差得遠了。」

「那你要不要去朝山，瞻仰聖徒的墳墓？」

「好啊。」

凡是可以增長靈命的法子，路德總要一試，他不甘心困在泥淖之中，說幹就幹，立刻採取行動。

當時許多虔誠的信徒認為，跪在地上，屈膝爬行聖城七大禮拜堂的階梯，每向前一步，念一遍主禱文「我們在天上的父，願人都尊祢的名為聖，願祢的國降臨。願祢的旨意行在地上，如同行在天上。我們日用的飲食，今日賜給我們，免我們的債。如同我們免了人的債。不教我們遇見試探，救我們脫離兇惡。因為國度權柄榮耀全是祢的，直到永遠，阿們。」

你們饒恕人的過犯，你們的天父也必饒恕你們的過犯。你們不饒恕人的過犯，你們的天父也必不饒恕你們的過犯。

路德與他的同伴，一面吃力地爬著，汗如雨下一般濕了又乾，乾了又濕，膝蓋破了，褲子上一個大洞。這些肉體上的痛苦算不了什麼，路德奮勇前進。

突然間，腦子中浮現了母親的影子。小時候他偷吃了一片杏仁片，媽媽打他，他痛，他叫，媽媽繼續打，繼續打，打得棍子斷掉，他全身是傷。

一次的鞭傷，其實很快就忘掉，而是媽媽看他的眼神，充滿了冷酷，嚴厲，憤怒。媽媽對他不滿意。

儘管他功課再好，表現再優異，同學們稱呼他「音樂家」、「哲學家」。媽媽口中沒有一句稱讚，永遠挑剔個沒完沒了，她一向喜歡稱讚自己，吝於誇獎別人。

其實，路德後來知道，母親是為他好。他的父親母親都是虔誠的教徒，每天晚上在孩子床前禱告。他們和中國古代父母一般，深信「棒頭下出孝子」。

有一次，路德犯了錯，父親要責打。路德苦苦哀求，父親心軟，重重舉起，輕輕放下，母親則執法如山。

他突然轉身對同伴說：「你知道嗎？我進神學院，就是不想再看到我媽媽那張臉。」、「我絲毫感覺不到母愛。」

「你們饒恕人的過犯，天父也饒恕你們的過犯。」路德想起主禱文的要旨，他說，「這樣爬坡，念主禱文有什麼用？我做不到，天父，有時候，我真恨我媽媽。」

「假如我有一個小貝比，我一定愛他、疼他、吻他、抱他，不讓他受一丁點委屈，更別說是打他了。」

「你是個神職人員，你不會有孩子。」同伴提醒他。

是的，路德又一陣淒涼湧上心頭，生命的路如此艱難，他想起瘟疫而死的兩個弟弟，更有悲從中來的落寞。他覺得自己像是一隻刺蝟，把自己把別人扎得血淋淋。

朝山既然沒用，路德是個發狠的人，他決心找神父告解。在天主教教堂之中，有一間小小的密閉的亭子。神父在一邊，教友在另一邊，互相看不見，教友把自己的罪向神父傾吐，教友為會友禱告。

路德自己懺悔，深覺是一個不完美的人，他必須告解。今天一個罪，明天一個罪。晚上睡覺時，想起小時候還有一個罪，他勤跑告解室。

有一回，路德去告解室，叨叨絮絮講個不停。神父看到路德來了，馬上打個大大的呵欠，意思是，神父累了，你可以走了。

路德急急忙忙坐下，一條一條鄭重懺悔，清楚而詳細，對自己再三指責。告解室小小的，神父坐得屁股都麻了。不得不不耐煩聽重複再三的陳述。等到路德終於講完了，神父也為他禱告。一看鐘不得了，路德竟然活活講了六個小時。

神父勉強自小位子站起來，因為肌肉僵硬，「啊」一聲，神父低呼，閃到了腰。一拐一嘆息。

《聖經》之中有一句「這類的鬼，若非禁食，不能趕出。」路德相信，自己身上一定有不乾淨的邪靈。他是追求聖潔的修士，意志力堅強，他非要潔淨不可。因此，儘管平日吃得就少，他還要經常禁食。

有一次，路德向大家宣布，「現在我要閉門禁食，請勿打擾。」有些人禁食，送一餐或兩餐，或進食流質。路德不是，說不吃不喝，就來真的。滴食不進，滴水不喝。

一天、兩天過去了，修士們有些不放心，在門外竊竊私語，擔心路德。路德當然聽見了，他完全不理，他必須禁食。過了四天，修士們合力撞開門，發現路德直挺挺躺在地上，鼻息微弱，路德聽到遠遠天堂來的樂聲，悠揚聖潔，他相信有上帝，但是，神啊，祢在哪裡？

26.生命的轉機

馬丁路德睡不著覺，每次一躺下來，就有轟隆轟隆、各種奇怪的聲音攻擊他，眼前又有許多鬼怪的畫面，他相信自己被撒但魔鬼捆綁，卻不知如何掙脫。

除了正式的禁食，他平日吃得極少，穿粗布衣裳，睡眠時冷得發抖，故意不蓋被子，經常通宵禱告，依然愁苦不堪。他常把頭埋在枕頭中哭泣，「我該怎麼辦？」、「生命怎麼如此苦澀？」

路德相信，一切答案在《聖經》裡，《聖經》是他從小嚮往的。修道院裡，有一本特大號的《聖經》，用一條粗重的鎖鏈鎖在牆壁上。路德只要走過，必然翻一頁，期待能夠找到他要的解答。

面對《聖經》，他前去一翻。彼得前書：「因為你們的仇敵魔鬼，如同吼叫的獅子，遍地遊行，尋找可供吃的人，你們要用堅固的信心抵擋他。」

是的，魔鬼如同獅子，擾得他日夜不得安寧，路德大聲斥責，沒有用，鬼不聽。仍舊在耳邊吵個不停。他知道，這不是耳鳴，敵暗我明，他不知道如何是好，腦中經常胡思亂想。

過了兩天，路德又去翻《聖經》，他翻到《聖經》最後面一章，啟示錄。「唯有膽怯的，不信的，可憎的，殺人的，淫亂的，行邪術的，拜偶像的，和一切說謊的，他們的結局就在燒著硫磺的火湖裡。」

天啊，那就是說，因為他膽怯，死後就要下地獄，那兒有不死的蟲，不滅的火，他最害怕下地獄裡。

然而，他分明就是怕，他不能裝假說自己不怕，「愛裡沒有懼怕」這是《聖經》的名句。路德用力的一拍腦袋，失望地離開了大本《聖經》。他的頭一個比兩個大，他快要崩潰了。情緒完全不能控制，走起路來，東歪西倒，路德恨不得一頭撞死。

這個絕望的時刻，上帝派來一位可人的天使——約翰施道比次，學問道德俱佳，靈性高貴，而且耐性十足。

施道比次主動邀請馬丁路德懇談。

路德十分詫異，因為他疲勞轟炸般的懺悔告解，神父們招架不住，紛紛走避，誰也受不了他排山倒海的吐苦水。施道比次德高望重，卻願意親手拉他一把。

路德坐下以後，施道比次誠懇地對他說「去年（一五〇五）你進入修道院之後，我就注意到你，你沒有安息。」

「安息！我怎麼會有安息？」

「我這個人是自我主義者，我很自私。」

「我沒有承擔壓力的勇氣。」

「還有，我尋索心靈，搜查記憶，刺探動機，從小到大我的罪太多了。」

於是，馬丁路德又開始一件一件控訴自己的罪狀，他簡直不知道，世界上怎麼有他這般討厭的人。

別的神父到此就想打烊了，施道比次卻仍然面露笑容。路德發現，自己全身是往下掉的，頭髮亂糟糟，鬍子毛碴碴，眼睛下垂，嘴角是垮的，整個人似乎要軟癱在地，只有在指責自己時，聲音洪亮，氣勢洶洶。

施道比次與自己完全不一樣，身形健壯，目光炯炯，眼睛，鼻子，嘴巴，似乎全在笑。笑起來，鼻子有點皺皺的，顯出孩子氣，卻又慈祥可親。

「我親愛的老師啊，你現在活在天堂，將來，也會上天堂。至於我，肯定會下地獄。」

馬丁路德羨慕地望著施道比次，心中有說不出的羞慚，天堂地獄之間，果然有跨不過去的深淵啊。他像陷入泥淖之中，漸漸地，更陷入黑洞之中。

「路德，其實你比我見過的許多基督徒都要好。」

「不，我不好。」

「你一天到晚說自己不好，其實是掉入撒但為你設的網羅之中。」施道比次長長嘆一口氣。

路德說，「我知道，我身上有邪靈，可是趕它不走，就是請神父趕走了，還會再來。」

施道比次沒說什麼，又笑了起來，路德已經好久沒笑過了，看到他笑，覺得溫暖。

「來，我為你禱告。」他抓過路德的手，開始禱告。他講了許久，路德沒認真聽，卻認真在看，施道比次緊閉雙眼，非常真誠，也許是熱了，鼻上沁出汗珠，路德也覺得心口熱熱的。

已近黃昏，施道比次站了起來，「今天到此為止吧。」

「哦，那麼，我下次還可以來？」

路德有些喜出望外，有學問有威望的施道比次為什麼對他這麼好，沒有道理。

「沒有甚麼可以使我們與神的愛隔絕。」

施道比次非常嚴肅地說了這句話，他說的時候，兩眼望天，彷彿在對上天告白，又似乎是誠心說給路德聽的。

馬丁路德走回宿舍，看到鏡子，耳中突然想起聲音：「你看看自己這個鬼樣子，討不討厭，你想起你偷過東西……」控訴的聲音又來了。

回到房間，路德躺在床上，他又開始細數自己種種罪行，他不是不想改變，而是不知道如何改變，誰能教他趕走煩擾的撒但魔鬼。

27. 魔鬼的攪擾

路德每一次被魔鬼攪擾之時，他去請教神學院任何師生，別人都會千篇一律告訴他「去讀以弗所書第六章」。

是的，這一段保羅所寫的《聖經》，路德可以倒背如流。

「用真理當作帶子束腰，用公義當作護心鏡遮胸，又用平安的福音，當作預備走路的鞋穿在腳上。此外又拿著信德當作籐牌，可以滅盡那惡者一切的火箭，並戴上救恩的頭盔，拿著聖靈的寶劍，就是神的道。」

路德想像自己拿著寶劍，亂揮亂砍，一點也沒用。

他再請教「何謂神的道？」

「就是神的話語。」

這也是標準答案。路德依然陷在泥淖之中，隨時想躲在被子裡，把頭蒙在枕頭下面，逃躲可怕的悲慘世界。

下一回施道比次遇見路德，慈祥地說：「好一點沒有？想不想振作？」路德苦笑：「不是我不想，而是撒但找我麻煩，為此，我不想碰《聖經》，新約中到處都有撒但，魔鬼。事實上也是有的，不曉得我為什麼這樣倒楣，給我碰上了，一定是上帝在生我的氣。」

「不是。」施道比次和緩地說：「不是天父生你的氣，而是你在生天父爸爸的氣。」、「祂愛你，沒有生你氣。」

「說到爸爸，我爸爸原以為我瘟疫死了，我兩個弟弟是真死了，不料，我還活著，因此我們和好了。」

施道比次說：「可是，你在生天父爸爸的氣。」

「的確，我絕望透頂。」

「有時，神因為衝動就遺棄人，使人心硬，又定人死罪，似乎祂喜歡看人犯罪。也樂於見到罪人永遠受到折磨。」

「神不是慈愛又良善嗎？依我之見，神不公平、殘忍，令人不能忍受，我一次又一次陷入絕望的深淵，恨不得自己沒有生出來，不必面對醜惡的世界。」

「什麼愛神？」，「我痛恨神！」

他痛恨自己永遠達不到神的標準，痛恨神不幫助他把魔鬼趕走，更痛恨神的審判，將人丟到地獄受苦。

施道比次低下頭來，默默在胸前劃了十字架，他沒有生氣，因為用發脾氣對待生氣的人是沒有用的。

他笑了一笑，「路德，我也有過在黑洞的日子。」

「真的？我看你開朗正面豁達。」

「嗯，那是一四九七到一四九八，十多年前的時候。」，「我在講《聖經》中的約伯記，把自己完全融於其中，痛苦萬分。」

路德同意，「那真是使人痛苦的一卷書。」

約伯的故事是這樣的。

在烏斯地有一個人，名叫約伯。完全正直，敬畏神，遠離惡事。他多子多財，令人羨慕。他有七個兒子、三個女兒、三千駱駝、五百對牛、五百母驢，並有許許多多僕婢。

有一天，耶和華在天上觀看，對撒但魔鬼說：「你可曾用心觀看我的僕人約伯？再沒有人如他一般正直美好。」

「哼。」魔鬼咧笑「你不是把他一切用籬笆圍得好好的，保護周全。」、「你如果伸手毀掉這一切，他也就拋棄你了。」

耶和華說，「好，他一切都交給你，只是不許取他生命。」

於是，頃刻之間，約伯的牲畜全部死光，七個兒子三個女兒也一夕喪亡。約伯十分難過，他仍然敬畏神，並且讚美神：「賞賜的是耶和華，收取的是耶和華，耶和華的名是應當稱頌的。」

耶和華很滿意，約伯保持純正。

魔鬼又開口了，「一個人情願捨去一切，保全性命。」「如果傷了他的皮肉骨，他就拋棄神。」

於是，魔鬼擊打約伯，他就從後腳掌到頭頂長滿毒瘡，約伯痛苦萬分，自怨自艾：「我為何不出母胎而死。」他三個朋友前來安慰他，講了一些約伯一定受到詛咒的混帳話。最後上帝出現了，問約伯：「你知道河馬的力氣從何來？」並沒有告訴約伯，他為何生病，但是耶和華後來賜福給約伯比先前更多。

施道比次回憶道：「我那時候，身心受到的折磨，可能超過約伯當年全身長滿毒瘡還要痛苦。」

「然後呢？」馬丁路德追問道。

「我們每個人都可能與約伯一般，只剩下自己與神。」

「世界上沒有一件事是完全可靠的，只有神。」

「我還是不明白，神不是萬能的嗎？祂為什麼要這樣對待約伯？」

「在苦難中約伯才真正找到神。」

「我還是不懂。」路德十分困擾，也非常慚愧，「對不起，耽誤老師這許多時間，我不敢再打擾你了。」

「沒有關係，」施道比次說，「我也遇過幫助我的老師，我把我們的會談，當成我的靈修，我會繼續陪伴你。現在，我們來禱告。」

馬丁路德告別之前，施道比次的眼睛，深深望進馬丁路德的眼睛。又再叮囑同樣的一句話：「沒有什麼可以使神與我們的愛隔絕。」他厚厚的手握緊了路德的手。

28. 恩師栽培

路德離開屬靈導師施道比次的研究室，反覆思想他剛才所說，研讀約伯彷彿自己比約伯還要苦，生病的確是人生重大磨難。

他忍不住又跑回去，直率地請問施道比次：「萬一你自己也真的生了毒瘡呢？」

「生了就只好生了。」

「那麼，萬一死了呢？」

「死了就死了吧！」

施道比次仍然一派輕鬆自若，路德好佩服。定定地仰望著他。

施道比次長長嘆了一口氣，「路德，我們都要回天家的，我最近有兩位好朋友死了，我知道他們在天家，那是好得無比的。」

路德心中惴惴不安：「我害怕會下地獄。」

「孩子，耶穌為你的罪，死在十字架上。」

「我始終不能確定，我是被揀選的。」

施道比次說，「神愛世人，我們每一個人都是被揀選的，只是在乎人自己如何回應神。」

「你回去吧，好好思想十字架上耶穌流的血。」

路德道謝而別，一個星期，腦中一直劃著十字架，所謂定睛在耶穌身上，沒有甚麼特別感覺。

這一次，施道比次有些生氣了，一年多來，路德始終沒有進展，眼神空洞，依然陷在泥淖之中，失魂落魄。

他問路德：「你看看，你現在狼狽的模樣，和《聖經》中的浪子不是相同？還不趕快懺悔！」

路德對《聖經》十分熟悉，他知道浪子的故事：「這是耶穌的比喻，有一個人，有兩個兒子，小兒子吵著要分家產，父親給了他。小兒子拿著家產，跑到遠方，任意放蕩，耗盡家產，剛好那地鬧饑荒，他只好去農人家裡放豬，主人十分苛刻。小兒子餓得恨不得去搶豬吃的豆莢。這時，他想起父親，家中雇工甚多，口糧豐富，他不該就這樣餓死，於是，清醒過來，打算回去，向父親懺悔。」、「父親，我得罪了天，又得罪了你，我不配做為你兒子，你就把我當一個雇工吧。」

沒有想到，浪子的父親似乎是天天站在門口，倚閭望兒歸。遠遠地，看到似乎是小兒子回家了，大發慈心，竟然跑了過來，也不顧兒子身上的髒臭，抱著頸子，連連親嘴。

小兒子被父親的熱情嚇著了，慚愧地說：「我得罪了天，又得罪了你，以後把我當僕人吧，我實在不配當你兒子。」

父親卻沒理他，高興地對僕人說：「快，把上好的袍子拿給他穿，把戒指給他戴上，把鞋穿在他腳上，宰一隻牛，我們今晚吃喝痛快，這兒子是死而復生。」

路德當著施道比次的面，不得不低頭懺悔，心中卻想，我沒有嫖妓，也沒有浪費，我不是小兒子碰到的問題，因此內心得不到共鳴。

路德的苦瓜臉似乎沒有影響施道比次，他依然面帶微笑，用關懷的眼神看著路德。

「你為什麼要對我這麼好？」路德不只一次這樣問施道比次，他也發現施道比次對誰都好，對神充滿信心，對人滿懷熱情，精神抖擻，享受基督徒的平安喜樂。

施道比次是德國貴族出身，父親根特，母親凱薩琳都是望族，家中有四男二女，他是長子，因為自願擔任修士，放棄遺產繼承。

他的學問道德卓越，在年輕時代，開始關切學術與修道的密切合作，他是威登堡大學的神學系教授，也是系主任。

馬丁路德左思右想，不明白施道比次為何對他這麼好，唯一能解釋的，就是施道比次是好人，是天使，耐性十足。

兩個星期過去了，兩個月過去了，兩年過去了，馬丁路德依然情緒低落，滿腹怨言，提不起精神，更說不上自信。

到了第三年，剛好有一個教職出缺，施道比次就想出拯救路德的辦法：「你去拿博士，然後擔任哲學教授。」

「這怎麼可以？我沒有資格。健康不佳，精神不濟，我既沒有這個意願，也完全沒有能力擔任，還是另請高明。」路德馬上回絕。

施道比次堅決地說：「路德，就是你，我對你有信心。」

「可是，可是，我對自己完全沒有信心，我熟悉《聖經》，卻找不到神。」

「路德，這就是你的問題，找人容易，找神難。不是背上整本《聖經》就可以找到神的。」

「我該怎麼辦？」

「我自己有一個辦法，就是常常對主說，我是屬祢的，求祢救我。」

「許多人常常說，今天神對我這麼說，明天神又如此如此說，我們當然不能論斷神是不是說了這話，但是，真正要找到神，只有從《聖經》之中才能找到。」

「我非找到神不可！」馬丁路德為報栽培之恩，牛脾氣的他鄭重宣告。

29. 戰勝惡魔

施道比次大力提拔馬丁路德，路德充滿感恩卻又慚愧。他心想，如果耶穌像施道比次就好了，他還是不明白耶穌。

迎面走來了路德的朋友盧亭，他永遠自在悠然，在人群之中，很容易一眼被發現。

路德告訴他老師的計畫。盧亭頻頻點頭，一點沒有嫉妒。他誠懇地對路德說：「你才氣縱橫，拜託，不要再天天對自己射箭，這是魔鬼撒但的控訴。」

「可是，我的確有許多不好。也犯了許多《聖經》上的罪，並不是負面謊言。」

「那麼就向上帝懺悔，改過。不用老掛在口邊咒罵自己。」盧亭拍拍路德的肩膀：「上帝對亞伯拉罕說，祝福你的，我祝福他。咒詛你的，我咒詛他。」

「像你這樣，天天咒詛自己，上帝也救不了你。」

馬丁路德看了盧亭一眼，心想，他又為什麼對我這麼好，我是一個如此不可救藥，極其討厭的人。

不對，不對，不可再咒詛自己了。

折騰了三年，始終不開心的馬丁路德想要改變，他厭惡在泥淖中掙扎。

首先，他發現，他得把一切對《聖經》既定想法拋開，他要真正找到神，消除一切疑惑。最重要的是，施道比次再三提醒他對神要「謙卑」。因為《聖經》不是一般的學術著作，他不該用高高在上的學者姿態，批評《聖經》，挑剔毛病。《聖經》都是對的，他感到疑惑之處，其實是自己程度不夠，神的作為，人始終不能參透。

於是，馬丁路德跪在地上，誠懇地懺悔：「主啊，我是屬祢的，求祢憐憫我、救我。我完全無助，別人也幫不了我，我知道只有神才能救我。我首先認罪，舊約、新約都有同樣的一條，你要盡心盡性盡力愛主你的神，其次要愛人如己，我的的確確沒有第一愛祢，我常自怨自艾，自責自恨，沒有尊主為大。」

路德激動地說：「從今以後，我將不顧自己的愛，全心愛上帝，愛鄰舍，我完全出於自願，非逼迫。」

非常奇怪，做了這個禱告之後，路德的心，漸漸平靜下來，不再毛躁紛亂。其實，上帝一直在路德、在我們每個人的身邊，神愛世人，世人多半不予理會，撒但趁虛而入，更陷入人生苦海。現在路德和上帝接上了線，神的靈光照他，他開始轉變。

路德揮起拳頭，鄭重宣告：「從今以後，我相信主，奉獻主，但是我先要真正找到主。」

帶著這樣強烈的渴慕，他鄭重翻開《聖經》，想起小時候多麼希望有一本屬於自己的《聖經》，神所賜的超過所求所想。他將來要成為《聖經》教授，路德忽然有種暈眩的幸福感，想哭又想笑，如此蒙神恩寵，他以前怎麼不知感恩？

一五一三年，馬丁路德開始謙卑地閱讀詩篇，詩篇記載了許多人對上帝的禱告，在苦難中的哀求，挑起路德對自己、對時代的辛酸，他有感同身受的體會。

詩篇之中，寫得最好的就是大衛。因為大衛人生曲折，盡忠於掃羅，又被掃羅王追殺，他向上帝傾訴苦情，也感謝上帝伸出援手，也抱怨上帝不理睬禱告，真實而動人。

路德最愛詩篇二十二篇。

「我的神，我的神，為什麼離棄我？為什麼遠離不救我？不聽我唉哼的言語，我的神啊，我白日呼求，祢不應允，夜間呼求，並不住聲。」

這一篇固然是大衛逃避兒子押沙龍的追殺，一般也認為是耶穌在十字架上的預表。

路德從小的印象，耶穌是坐在寶座上，威嚴赫赫審判人，誰若犯了罪，就狠心扔入地獄的火湖。路德最怕地獄，他很少設身處地想過耶穌，完全的犧牲，一絲不掛亮在眾人面前，只為了馬丁路德的罪。

是的，只為了馬丁路德的罪。

路德腦中又閃過一幕一幕他以為羞恥的事，許多不好的念頭，種種他認為自己該下地獄的罪。也是午夜夢迴，他一遍遍譴責自己的往事。

突然之間，似乎耶穌站在前面，血流汩汩，一切靜默，路德開始哭，眼淚不停流出，他用手抹去，又流。再擦，覺得被愛，覺得不配，他其實還有很多不乖，這是施道比次不知道，他也絕對不會告訴任何人的。當然，我們所有人的心思意念行為動作，在神面前是赤裸敞開的，路德無比堅決吶喊：「耶穌我愛祢，我把整個生命奉獻給祢。」

令人驚奇的事發生了。路德從此一夜香甜，以前攪擾他的鬼影怪音，他完全不怕不理會，因為那不是耳鳴，本來是魔鬼，古往今來，許多人都被魔鬼擊中，生出種種疾病，也是中國道教廟中的「卡到陰」，師父即或暫時趕走，魔鬼不受時空限制，必會再度闖入，鬼門關永遠不關的。

當一個人完全屬於耶穌，他就穿上了全副屬靈軍裝。成為惡魔也害怕的「鬼見愁」，就如路德所言：「聖子（耶穌）說：我為你捨身，我也將以我性命為你下賭注，因為我屬於你，你屬於我，你我性命攸關。惡魔無法撼動。」

30. 天上的糖

馬丁路德終於可以一覺到天明，睡得香甜。對於許多失眠者而言，那是多麼令人羨慕之事。有些人吃了再多的藥，仍然無法入睡。

馬丁路德飛奔稟報恩師施道比次，「我雖然有時偶爾會聽到撒但攪擾的聲音，但是我不再懼怕，我找到耶穌，我愛祂，沒有甚麼可以使我與神的愛隔絕。」

施道比次笑了起來，他拍拍路德，「看你走進來，神采飛揚，充滿活力，感謝主，你終於找到主。」

於是，施道比次用清楚好聽的聲音朗誦：「誰能使我們與神的愛隔絕呢？」路德加入，彷彿二重唱：「難道是患難嗎？是困苦嗎？是逼迫嗎？是飢餓嗎？是赤身露體嗎？是危險嗎？是刀劍嗎？然而，靠著愛我們的主，在這一切的事上，已經得勝有餘了。」

這是保羅在羅馬書這卷《聖經》中，最有名的一段話。

馬丁路德說：「以前，我總是不懂，耶穌不是神嗎？為什麼要讓保羅受這麼多苦難。」

施道比次說：「苦難並不一定自神而來，也許是自己，也許是別人，也許是撒但，神有能力，卻不一定會挪去苦難，人總是想靠自己，唯有在無計可施時，才會積極找神。」、「因此，苦難也有好的一面。」

「我現在好開心啊！」馬丁路德爽朗大笑。

「誰能想像，我曾經想自殺，而那時的我，深陷在泥淖之中，怎麼也無法想像，有一天我會快樂如小小鳥。」路德對施道比次一鞠躬，「謝謝老師陪我，耐心教我。」

施道比次說：「約伯在全身長毒瘡之時，不也懷疑，他為何不出母胎就死掉。」、「他也被三位朋友責難，但是，他還是相信神，後來，他見到了神，也自苦境轉回。」

所以，路德接口：「人在苦難中，不要抱怨，以免失掉神給的未來的機會。」

「啊，有神真好。」路德重複地說：「我再不怕鬼了，我是人，對付不了邪靈，神是聖靈。」

「你信神，愛神，願意奉獻神，神知道，魔鬼也知道。魔鬼會千方百計要你遠離神，最簡單的就是從情慾來的敗壞。」

路德昂首，「哈哈，魔鬼曾經使我喪失一切興趣，我一定不會在情慾跌跤。」

「不要太過自信，也不要驕傲。」施道比次提醒道。

「神救了我，祂從泥坑裡，從淤泥中，把我拉上來。其實，泥淖就是各式害怕，我豈敢驕傲。賞賜的是耶和華，收取的也是耶和華。」

「我現在看《聖經》，常常覺得，那是神在對我一個人說話，好奇妙。神是要稱頌的，想想自己以前，任意批評神，神還如此愛我，真是不好意思。」

「天父爸爸愛你。」

「是的。我過去像浪子，不是像他揮霍嫖妓，而是像他不明白天父的愛，抱怨，反感，憤怒。直到自己走到盡頭，快要滅頂了，才急著回去找天父，原來，祂一直愛著我，等我回頭。」

「現在我心甘情願，死心塌地，徹底降服，我不但信祂，我愛祂，依賴祂。」

施道比次很欣慰地說：「感謝主，相信你會成為純淨、真誠、委身的信徒，撒但定然逃之夭夭。」

「你知道嗎？路德，我喜歡看白雲，想像天父在那兒，祂疼惜我們，並且為了救我們的緣故，使祂自己在基督裡成為甜美。啊，祂甜美如同天上的糖，如同磁鐵一般吸引我們，親身體會的人有福了。」

「是的，愛神是要經歷神，這不是與生俱來的愛，必須刻意地，盡心盡意盡力的愛，愛得愈多，愈能感受神的愛，神也賜下聖靈，使我們一點一滴生命成長。」路德同意。

路德終於完成尋找神的階段，開始享受與神同在的親密關係，他慨嘆說道：「一個人如果在《聖經》之中，沒有找到愛，那麼，他就是還沒有看懂《聖經》。」

馬丁路德講了一段發人深省的話：「假如你真的相信基督是你的救主，那麼你立刻擁有一位恩慈的神，因為信心帶領你入門。也打開神的心靈與意志，讓你能看到純全的恩典，以及湧流出來的愛，這也就是用信心去看神，讓你能看到祂那為父、為友的心腸。祂內心絲毫沒有憤怒或是冷酷，那些把神看為憤怒的人，看得不夠準確，他們看到的是一片布幕，彷彿一片烏雲覆蓋在他的眼前一般。」

馬丁路德從小怕耶穌，怕地獄審判，現在他知道有一條路可以通往天堂，就是藉著耶穌，不停悔改，不斷向耶穌學習。最好從小開始，因此，路德童心大發，寫了一首馬槽歌，他認為舊約是包著基督的布和馬槽，其中包裹著耶穌，馬槽歌是這樣的，可以上網找來聽。

「遠遠在馬槽裡，無枕也無床，小小的主耶穌，睡覺很安康。眾明星都望著主睡的地方，小小的主耶穌，睡在乾草上。眾牲畜，鳴鳴叫，聖嬰忽驚醒，小小的主耶穌，卻無啼哭聲。我真愛小耶穌，敬求近我身，靠近我小床邊，守我到天明，恭敬求主耶穌，靠近我身旁，愛護我，接受我，做主的小羊。也保護眾孩童。一齊都安康，教我們都能夠跟主到天堂。」

31. 上主是我堅固保障

二〇二〇年全球爆發史無前例的新冠疫情。許多人瞬間死亡，大家揪著心，觀看電視上最新動態。

一五二七年，德國發生瘟疫，人們問馬丁路德：「這個時刻如何是好？」「悔改，禱告，彼此幫助。」路德吃了天上的糖，愛上了耶穌，內心甜美。他不只是說說，當威登堡發生瘟疫，剛剛病癒的路德，勇敢地站出來幫助病患，就像幾千年來，令人尊敬的神父與修女一般，路德把修道院改成了醫院，日夜不停地照顧傷痛的人。

有的人到了修道院，兩眼一閉就死了。

有的掙扎在垂死邊緣。

有的掩面哭泣，「我不怕死，可是我沒有錢買贖罪券，我怕煉獄。」

當時教會的教導是，一個人進入天堂之前，必須洗清生前所犯的一切罪行，贖罪券能縮短死後在煉獄中的刑罰。

路德握著病人的手，安慰他：「早在十年前，一五一七年我已經告訴大家，贖罪券沒有用，重要的是內心真正的悔改。」

「真的嗎？」病人絕望的眼神之中，出現了一絲希望，「路德，我相信你，我希望你說的是真的。」

由於病患太多了，整個修道院被政府隔離，一片愁雲慘霧。

路德作了一首聖歌，「上主是我的保障。」他多才多藝，會創作，聲音好聽，能彈魯特琴，他邊彈邊唱：「群魔雖然環繞我身，向我盡量施侵凌，我不懼怕，因神有旨，真理必使我得勝。」

這首歌傳唱至今，我們今天仍然可以上網聆聽。

宗教改革是兩千年教會歷史中最精采的階段，馬丁路德是頭號英雄，他沒有一文錢，沒有一個兵，靠著一枝筆，以及上帝帶給他的力量，把人們自黑暗邪惡中拯救出來。他奉獻一切，不求回報，只希望討神喜悅，他也不在乎後世名，馬丁路德說：「我請求世人不提我的名，道理不是我的。我也沒有為什麼人釘十字架，只有基督是我們的神。」

因為馬丁路德曾經對一切喪失興趣，靠著上帝一步一步爬上來，《聖經》是活命仙丹，因此他說：「我們要認清，也要確定，靈魂缺少別的都不要緊，但少不了上帝的道，沒有上帝的道，靈魂就無處求助，但靈魂若有了，他就是富足的，不缺少什麼。」

許多人讀《聖經》是這兒挑一段，那兒選一句，背誦自己喜歡的金句，「耶和華是我的力量。」「大能的勇士，耶和華與你同在。」等等，尋求支持安慰鼓勵的力量，當然這樣很好，卻沒有明白整個的道理。

路德是整本《聖經》一個字一個字讀，一句話一句話反覆思想咀嚼，包括處罰的嚴厲話語，例如：「無論男女，是交鬼的，或行巫術的，總要治死他們，人必用石頭把他們打死，罪要歸在他們身上。」路德也仔細研讀。

如果經文之中所言，與路德原先自己所想的不同，例如：「恨人就是殺人。」他以為沒有這麼嚴重，他就一拍自己的腦袋，「路德，請注意真理，你要摒棄任何不當的想法。」

由於耶和華賜人智慧，知識和聰明，都由祂口而出，路德認真研讀《聖經》，增長智慧，驅逐邪靈，他內心力量剛強起來，一無所懼，他說：「我有了敏捷記憶與快速的筆，不用硬擠，文思泉湧。」路德似乎回到伊甸園中，以耶和華神的價值判斷成為自己的價值判斷，他的自我意志與神的意旨合而為一。

路德教授拿出學者的治學態度，他寫出了四個論點：一、凡是受過洗的，都是神面前的祭司；二、在神的眼中，世界上沒有一人比另一人更高貴，無論是修道士是神父，或是家中打掃的女僕。只要蒙主召喚，終身忠心服務，他們的價值是相同的。三、在基督與人的關係中，沒有任何人可當中保。中保就是祭司；四、每一個基督徒都可以宣講神的話語。換言之，人可以自己與神溝通。

路德從自己的經驗中發現，人必須自己從《聖經》中找到神，他用尖銳的筆指出「教皇或主教，可以藉著膏抹，按立聖職。指定修士穿上與一般人不同的服裝，但是他永遠無法使人搖身一變，成為基督徒，或使他變得屬靈。他倒是有可能把人變成一個偽善者，騙子，或者笨蛋。」

這些忠直之言，當然觸怒羅馬教廷，當時，天主教規定，只有教皇可以解釋《聖經》，馬丁路德說，《聖經》中沒有這一節經文。

他用同樣認真的態度研究《聖經》，發現了一個壞消息。地獄是永久的刑罰，不死的蟲不滅的火，沒有任何翻身悔改的機會，火湖就是火湖。

他也發現一則好消息，所謂因信稱義，根據希臘原文，稱義是刑期暫緩的過程，人可以經過這個過程，被神感化，洗心革面。

也就是說，仁慈的上帝怎麼狠心把人扔入火湖，可是人犯了罪，上帝不得不把他丟入地獄。但是，假如一個人信了基督，因著耶穌寶血洗淨了罪，並且靠著神的能力，不停悔改，不斷重生。那麼神就算他是個義人，可以進入永生的天堂。想通這一層，馬丁路德終於獲得靈魂安息。

32. 橫眉冷對千夫指

馬丁路德日夜浸泡在神的話語之中，追求生命不斷地改變。耶和華喜悅他，他開始平安喜樂，也感到內心剛強壯膽，不再理會魔鬼的騷擾。

路德從來不敢夢想自己會翻轉，他深深體會到，一個人必須覺得失喪、失望、挫敗、無比痛苦，這恰是得救的時刻。才能再活過來，照神的樣式而活。而一切的改變，就從回到第一條誡命，你要盡心盡性盡意盡力愛主你的神開始。

剛剛平靜的馬丁路德卻又馬上不安穩了。一個基督徒應該為家庭、國家、社會奉獻。現在他清醒了，他想要有所作為，徹底奉獻愛他的神。

有一件事，路德深感不安。就是贖罪券，在路德時代，贖罪券早已實行數百年。人與神和好，應該悔恨改變，豈能交易。路德心中萌出「先天下之憂而憂，後天下之樂而樂」，如范仲淹的想法。

正好那時，教宗利奧十世繼任後，他想要完成已經拖了十年，始終進度緩慢的聖彼得教堂，於是下令大主教「出售贖罪券」。

大主教任命特次勒完成任務。此人口若懸河，具有叫賣的本事，非常吸引觀眾。

「記住，你們想不想要靈魂的得救？這個世界上充滿了試探與誘惑，你們難道不擔心自己能否上天堂嗎？還有請聆聽你們死去親人的痛苦吶喊，父母生你、養你、把你帶大，你竟然如此小器、殘酷，不願意幫助他人得到釋放。」

接著，特次勒提高了嗓門，「聽啊，當銀幣掉進奉獻箱叮噹作響之時，煉獄中的靈魂就歡欣跳躍。」

他話還沒說完，許多人爭先恐後投入銀幣，急著為自己，為死去的親人搶購天堂的入場券。

特次勒廣受歡迎，人們爭相走告。馬丁路德大搖其頭，內心充滿了憤慨。他認為這完全違背信仰，他必須「拿出一把尖銳的斧頭，掘出樹幹，連根拔起，砍掉荊棘，再劈開一條新出路」，勇敢做基督的精兵。

他的斧頭就是他的筆。當時的教皇威勢凜凜，歐洲的國王都戰戰兢兢，路德豁出去了，他要為真理說真話，他不是血氣之勇，而是良心怒吼。他並沒有聽到神的呼喚，他只知道，根據他明白的《聖經》，教宗不可以這樣胡鬧。

於是，路德振筆疾書，激昂慷慨，痛快淋漓，一針見血地指出：「神從未給過任何人權柄，去傳講誰的靈魂會在你把錢叮咚一聲丟進奉獻箱那一刻，馬上飛出煉獄。」

「真正的可能會是，當錢叮咚一聲掉進奉獻箱時，怨聲和貪婪立刻增加。」

「教皇應該變賣聖彼得大教堂，拿出錢來，救濟被贖罪券騙房子騙了錢的人。」

「主耶穌說，你們應當悔改，祂是指，信徒一生都該悔改。」

「只要真心悔改的基督徒，他就可逃離刑罰與罪。」

「透過愛的行為，愛就能增長。人就能成為更好的人。」

「讓基督徒對經過諸多患難而能進天國更有信心，而不是藉由虛假的平安的保證。」

路德洋洋灑灑一口氣寫了九十五條論調，寫好了，他就立刻把它貼在威登堡教堂的大門上面，並且要求針對這項議題進行辯論，完全符合當時的學術常規，那是一五一七年十月三十一日。

這篇擲地有聲的長文，立刻引起轟動，做完禮拜的會眾擠得滿滿的，原文是拉丁文寫的，一位大學生逐條念給大家聽，人人充滿興趣，有人高聲叫好，也有人批評「太不敬重順服教皇」。

第一位大學生站了半天，翻譯得喉嚨嘶啞，另一位大學生馬上接著譯，還一位大學生翻成德文之後，付印，寄往全歐洲。有人譽之為彷彿天使在傳遞訊息。

在路德之前一百年，曾有一位胡斯，此人也揭開教會黑暗，後來被活活燒死。現在又出現另一不怕死的路德，整個歐洲都在議論九十五條。

有一位教會領袖，初讀九十五條覺得被冒犯，扔在地上，隨後拾起來細看，良心發現，向羅馬當局寫了一封信，「如果沒有人講出這些真理，連石頭都會跳起來呼喊。」

這件事鬧得沸沸揚揚，教皇想要滅火，就設了一個陷阱，邀請路德去參加辯論會，路德一直想在學術論壇上暢敘真理，毫不猶豫地答應了。

教皇派了樞機主教柯耶坦出面。

路德極有禮貌，先對柯耶坦一鞠躬，俯伏下拜。

「起來。」

路德依然跪著，直起上半身

「站起來。」

路德站了起來。

樞機主教單刀直入，「收回。」

原來，根本沒有辯論，路德斷然拒絕，「我是順從神不是順從人，我有《聖經》依據。」

「只有教皇能解釋《聖經》，教皇權威大於《聖經》。」柯耶坦把路德轟了出去，並且放話：「教皇認為路德是踐踏主葡萄園的野豬。」路德卻想起詩篇中的一句「義人的腳可被耶和華立定，祂的道路，耶和華也喜愛。」他平靜面對。

33. 下民易虐，上天難欺

路德正義凜然，老早作了準備殉道的打算。

樞機主教柯耶坦因為無法壓制路德，找上路德的恩師施道比次，希望他能勸勸路德。

施道比次沒有答應，但是解除了路德對奧古斯丁修會的誓願，免得路德為難。

施道比次握著路德的手，開始祈禱：「主啊，我們是屬祢的，求祢憐憫。」又展開一貫的宣告：「沒有什麼可以使我們與神的愛隔絕。」兩人對視而笑，眼眶中都泛著淚水。

一五一八年販賣贖罪券的特次勒到了薩克森，選侯腓特烈不許他入境。由於威登堡禮拜堂中展示許多聖物，包括聖徒的頭骨、牙齒，更奇怪的是還有曠野的嗎哪、亞倫的手杖、耶穌母親瑪莉亞的一滴乳、耶穌馬槽中的一捆草，一共有一萬七千四百四十三件。據說，每瞻仰一件聖物，可得一百年的赦罪，其實也是十分可笑，好在朝拜聖物免費。

因此腓特烈神氣地說：「我境內的人民用不著購買贖罪券。」

特次勒溜到邊界販售，照樣大排長龍，有人買了，興奮地拿給路德看，「瞧，這下可放心了，也不用什麼悔改了。」

路德認為，贖罪券最大的問題還不在騙錢，而是讓人喪失了悔改的機會，將會落入地獄。

路德教授學問淵博，口才生動，本來就是廣受大學生歡迎的老師。九十五條一出，轟動全歐洲，課堂中充滿了興奮的討論。

這一天，路德神情嚴肅進入教堂，對學生們說，「各位同學，今天你們必須慎重作一個決定，是要跟著販賣贖罪券的教皇下地獄，還是堅持真理，準備殉道上天堂。」

兩條路都很嚇人，同學們低下頭，不敢面視路德。

路德繼續說：「天堂的美是大家所知道的，神要擦去他們一切的眼淚，不再有死亡，也不再有悲哀，哭號，疼痛。」

「不過，沒有所謂的煉獄，地獄就是永死，永刑，火湖，不滅的蟲。我們現在來看看啟示錄第二十一章八節：惟有膽怯的，不信的，可憎的，殺人的，淫亂的，行邪術的，拜偶像的，和一切說謊的，他們就要扔在燒著硫磺的火湖裡。」

「所以，膽怯就是第一個下地獄的要件，世界上有誰不會恐懼，我以前就怕魔鬼，怕地獄，千辛萬苦找到神後，面對逼迫、災難、禍患、欺騙，我絕不再退縮，這就是屬靈的力量。」

「我的良心已經被神的話語完全充滿，我不希望用武力解決，單單靠人根本無法推動改革，背後的巨輪是人們肉眼看不到的神。」

「孩子們，我會去做我認為正確的事。」他慈愛地望著學生們，「每個人都必須在死後向神交帳，希望你們記住我衷心的警告。」

路德下課了，同學們七嘴八舌地討論著，深深佩服老師的直說敢言。

一五二一年，沃木斯會議，頒發一項決定，馬丁路德在法律上被判為異端，表示所有人都可以追殺他。路德被指為污水溝，任何人印刷、販賣、閱讀都是違法。

該來的，總是會來的。路德平靜接受，在他回威登堡途中，忽然之間，眼前被黑罩蒙住，馬車繼續向前，路德心想：「耶穌，我來見祢了。殉道的時候到了。」

馬車終於停住，路德被兩個壯漢架著，進入房間。打開眼罩，燈光乍亮，眼前竟然是笑嘻嘻的腓特烈，他得意地說，「對不起，綁架行為嚇了你。這兒是瓦爾特堡，你把頭髮留長，鬍子也別刮，你就是我的朋友喬治騎士。」

於是，路德被藏在樓梯後面的小房間，陪伴他的，只有他最鍾愛的一本《聖經》。

路德想起他與好朋友墨蘭頓的一席對話。

墨蘭頓說：「沒有《聖經》根據的信仰教條是不必遵守的。」

路德回答：「教皇的權威不能凌駕《聖經》，《聖經》中根本沒有教皇二字。」

「說得好。」墨蘭頓緊緊握著路德的手：「你該把《聖經》翻譯成德文，讓人們明白真理。神父在彌撒之中，只會唸幾節經文，根本無法明白信仰。」

「好，我有時間會做。」路德答應了。

眼前，困居在小樓之中，路德快馬加鞭，利用十個月的時間，把《聖經》新約從希臘文翻成德文，並後來於一五二二年九月出版。

至於舊約，則是聚集一群優秀學者，耗時十多年完成，他曾經用一個月推敲一個詞句，典型的完美主義者。一五三六年問世，不僅使德國人明白《聖經》，也有助於德文標準化，更帶動了其他歐洲國家爭相翻譯《聖經》。
《聖經》一出，真相大白，馬丁路德彷彿外科醫生，把天主教的腐肉挖乾淨，後來的神父修女，成為清新的教徒，洗淨世人的靈魂，也在世界各地勤作善工，著名的德蕾莎修女就是最好的例子。

馬丁路德是開創基督教的先鋒，他卻說：「請求眾人不要提起我的名字，只要稱我是基督徒。」

34. 天國近了

「天國近了，你們要悔改。」這是人們經常聽見的話。

如果不信上帝，不走神的道呢？

不悔改就會經過末日審判，丟到火湖之中，那兒有不死的蟲，不滅的火，永遠在火烤之中煎熬受刑，此之謂地獄。

這未免太可怕，太殘酷了。

沒錯，如果你我有如此感受，正是馬丁路德當初的心情寫照。生命是如此艱難，經濟的壓力，感情的破碎，家人的生離死別，病床上的輾轉煎熬，本來就是人間地獄。

好不容易走到生命盡頭，一了百了。且慢，人是死不了的。

誰敢拍胸脯說，我從不懼怕，從來不說謊？這樣的高標準誰能搆得著？

如此的上帝如何能信，如何能愛？

馬丁路德做不到，也不願意裝假。

直到他遇到恩師施道比次，他才明白，沒有人天生愛神的，必須刻意的，努力的，信靠那位看不見、摸不著、聽不見的宇宙創造者，盡心盡性盡意愛祂。

這個時候，奧秘出現了。一直在等每一個人的上帝，開始與馬丁路德建立關係，祂能調度萬有，製造機會，賜與智慧。當馬丁路德願意服從神，追求真理，以《聖經》為權威，放下自己固執的想法，一切都改變了。

神的靈入住馬丁路德的身體，他原來做不到的，神的靈幫助他做到。單憑馬丁路德想要扳倒教皇，那是在作夢，比大衛打敗巨人歌利亞還要不可能。教改其實是神藉馬丁路德，完成神要完成的計畫。

馬丁路德嘗到了神的愛，也經歷了悔改之後，良心的平靜，儘管壓力巨大，困難叢生，就像中國古代忠臣一般，內心是愉快的。天父爸爸始終不離左右，心裡踏實，生命精采，剛強壯膽，平安喜樂。

馬丁路德知道，活一天，他必須悔改一天，神看見他的努力，當他死時，他知道，不再有眼淚，不再有悲哀，哭號疼痛，他會有永遠的福樂，他終於逃離地獄。

馬丁路德反對贖罪券，但是他始終相信地獄存在，他說「那些誤以為有了贖罪劵就能確定得著救恩的人，反而會落入地獄。」

你我很少會想到下地獄，所謂世人都犯了罪，都該下地獄。中國人很難接受，耶穌為我們的罪死在十字架上，他死的時候，我們尚未出世，似乎不合情理。悔改就能上天堂嗎？中國人也半信半疑。

所以，許多人選擇，不如當個無神論者，或者輪迴也好，又沒有十惡不赦，你走你的陽關道，我過我的獨木橋，互不干涉，也不想與任何靈有所牽扯。

其實，輪迴是出自人們想像，根本不存在。佛教傳入中國之前，古聖先賢沒有提過輪迴，最支持輪迴的說法，該是藏傳轉世靈童，然而，那與所有算命，通靈高人一般，僅是邪靈附身，世界上最相信輪迴的地方是印度，印度是讓人看了最想哭泣，最不公平的世界。

耶穌是處女生的，有沒有證據，當然沒有。

然而耶穌上十字架，是許多人親眼目睹的。

耶穌死人復活，顯現給眾人看，是真實的。

耶穌十一個門徒，耶穌被逮之時，他們一個比一個跑得快，這是事實。

耶穌復活，門徒又嚇又喜，待耶穌再度升天，他們勇敢殉道，相信耶穌在天上為他們準備了住處，這也是鐵錚錚的事實。

每個人都會死亡，死亡之後會依生前的行為入樂園，或是陰間。中間沒有灰色地帶，末日審判時，所有死了的人都站在神的寶座之前，分別被判上天堂或下地獄。

人們常常會問：「那孔子呢？」

照《聖經》羅馬書的說法，「他們（指不信的人）雖然沒有律法，自己就是自己的律法，律法的功用刻在他們心裡。」

所以，不用為孔子擔心，他當然是義人。再說，「世人蒙昧無知的時候，神並不監察，如今卻吩咐無知的人都要悔改。」

末日必然是福音傳遍世界之時，耶穌才會再來。二〇二〇年，全世界經歷新冠疫情，到處吵來吵去，爭論疫情從何處爆發，接著全球到處洪水，燒山，氣候異常，普天之下，處處可見，正是末日的跡象。

孔子不語怪力亂神，許多人因此排斥宗教，其實，基督教不是宗教，而是天理、天道，孔子最重視天，五十而知天命，中國皇帝無不拜天，北京現有天壇遺址，天是沒有形象，但是每個人心中都有一個老天爺，也費盡心思，尋求天意，求福消災。

孔子說：「知我者其天乎。」只有天瞭解他，這和《聖經》中「萬物在主之前都是赤露敞開的」是一樣的道理，因此孟子也說順天者存，逆天則亡。

鐵達尼號沉亡前，牧師哈伯把救生圈交給未信主的年輕人，因為他確知他雖死將進入永生，後來，年輕人到了哈伯的教堂，說出哈伯美好生命的見證。

35. 你的愛情比酒更美

每一位基督徒，都是《聖經》雅歌中的書拉密女，期待在世時與耶穌建立美好關係，將來在天上，與祂成婚，享受無邊的幸福，當然，這絕對不是男女性愛關係，千萬不能想偏。

所羅門王所寫的歌，是歌中的雅歌。基督徒說，願耶穌用話語與我親嘴，因祢聖潔的愛情比酒更美。祢的名字如同膏油一般馨香，每一個人都愛祢，祢吸引我們，我們就快跑跟隨祢，我們因祢快樂，我們稱讚祢的聖愛，勝過稱讚美酒，我們愛祢，乃是理所當然的。

酒在《聖經》之中，有兩層含義，好酒是神的祝福，劣酒是我們的罪，一個人真正享受過美酒，就對劣酒興趣缺缺。

何謂與神的話語親吻？佳燕正是活生生的例子。她的大包包之中，一定放著方方正正小型《聖經》，不時拿出來翻閱。

如果周遭有任何人找到經文，她立刻查考，默念，臉上漾著滿足甜蜜的笑容，彷彿在享受。啊，你的愛情比酒更美。無論遇上大小困難，佳燕舉起右手宣告：「上帝一定保佑我。」絕對絕對信心十足，這也是十多年辛勤親近主的結果。

一開始，佳燕是被社區中熱心奶奶拉去團契，奶奶們唱起詩歌聲音嘹亮，背頌《聖經》滾瓜爛熟，絕不張家長李家短，而是為主作見證，她們真是非常愛主。

老奶奶們還有一個特點，完全不怕死，喜歡討論自己追思禮拜要用哪一首歌，而且齊聲宣告：「我情願離世與基督同在，因為這是好得無比的，腓力比書一章二十三節。」說完，哈哈哈笑個不停。

佳燕看得目瞪口呆，後來因為畢竟有年齡層差距，也招架不住老人家，左塞一個粽子，右送一個蘋果，她就進了一間年輕的教會，她喜歡團契，唱詩歌，參加各種活動，表面上興高采烈，內心裡對工作、對家庭都有深深的失望與憤怒，她沒有老奶奶們的豁達與喜樂。

佳燕最愛是她寶貝兒子柏勳，幼兒園大班，有一次她帶柏勳參加公司郊遊，帶了一大包香酥脆，說是大家分享。結果母子二人在一塊石頭上，柏勳拆開零食餵佳燕，笑得開心，佳燕也拿香酥脆，遞到柏勳口中，順便親一親他可愛小臉蛋。柏勳一下鑽到佳燕懷中，看著雲朵，笑個不停，羨煞周圍所有人。

柏勳二年級時，有一天下課，對佳燕說：「肚子怪怪的。」佳燕帶他去看巷口的小兒科何醫師，柏勳從小在這裡打預防針的。

何醫師說：「腸胃型感冒。」開了藥，笑著說：「柏勳一向頭好壯壯，是個健康的小男生。」

過了兩天，小男生依舊不舒服，佳燕在辦公室，突然心跳，翻開《聖經》：「神說，因為他專心愛我，我就要搭救他。」柏勳從小上主日學，每天唱「耶穌愛我，我知道」，柏勳為什麼需要神搭救，莫非「盲腸炎」。

佳燕立刻拎著皮包，請了假，帶柏勳再去找小兒科，要求開轉診單，何醫師一面搖頭，一面開，不以為然地說：「沒事，窮緊張。」

到了大醫院急診室，醫生抽血，照片子，觸診肚子，對柏勳說：「跳一下。」

柏勳用力跳，他彈性極佳，跳個不停，醫生說：「夠了，盲腸炎很痛的，不可能跳跳跳。」他看了片子，笑笑道：「果然滿肚子糞便，灌腸，排便，回家。」佳燕好高興。

母子正在攔計程車回家之時，突然，護理師衝出來，說：「弟弟ＣＲＰ過高。」意思是發炎指數太高，於是，找了外科醫師，他一言斷定「盲腸炎，立刻手術。」

佳燕慌了，柏勳對麻醉反應激烈，她可不想白接一刀，因此，提出要求：「先照腹部斷層掃描。」

醫生說：「可以，但是又耽誤兩三小時。」

佳燕愣住，突然，護理師右如天使般出現，要求讓柏勳插隊，因為病況危急，她告訴輪椅上的柏勳，「你要裝痛。」柏勳覺得有趣，大聲喊「痛啊，痛死我了。」照出來的結果，竟然真的是盲腸炎，但是必須有床位才能開刀。

此時是半夜十二點，佳燕心亂如麻，打開《聖經》，看到亞伯拉罕一百歲時生下寶貝兒子以撒，以撒兒童之時，上帝突然要亞伯拉罕把以撒獻上當活祭，獻給神，亞伯拉罕正拿起刀要砍兒子，結果被上帝阻止，並且嘉許亞伯拉罕敬畏神，通過考驗。

以前佳燕讀這一段，實在不懂，佳燕如今明白一切神掌權，萬一不幸，回到神的懷抱，也是好得無比的，而且做媽媽的，必須第一愛神，沒有了柏勳，她仍有神的愛。

就在佳燕順服神旨意後，半夜三點，有了床位，王醫生先拿出腫爛的闌尾，對佳燕說：「再晚個半天，就會破裂，成為腹膜炎，可能在二十四小時死亡。」佳燕趕緊謝過醫師，抬頭望天，「感謝天父救了柏勳。」

這場驚險，一下子佳燕認識了神，明白神話語，知道要順服神，要交託，自己也要拚命，一切都是神的奧秘。

佳燕永遠記得那位護理師，分明是上帝派來的天使，經此，佳燕決心也當天使，到處翻開《聖經》，為人代禱，傳播福音，熱心熱情，四處行善。

36. 看清自己

想要和神建立美好關係，除了研讀《聖經》，努力去愛看不見摸不著的神之後，接下來是看清自己。

如果一個基督徒，總是認為錯在別人，自己全然無辜，那就還沒有真正上路。惟有上帝的光芒照出原形，才能發現缺點與軟弱之處。

因此，基督徒說，我有罪，我有缺點，我的外表如同基達的帳篷。基達是阿拉伯的游牧民族，他們是黑皮膚，帳篷是黑色山羊皮製成的，長年的曝曬雨林，外表醜陋可想而知。

可是外表雖黑，神看基督徒的內心卻是秀美。美如所羅門所造聖殿中的華麗幔子，只要我們心向神，神有一步步的計畫，因此，書拉密女說「我要奔向耶穌。」代表基督徒的書拉密女又說，「不要因為我曬黑就看輕我。」教會中有些同工不善待我，他們要我做這做那，我卻沒有自己與耶穌建立親密關係。

基督徒要自己找到耶穌，在最辛苦、失望、困窘之時，迫切需要耶穌親自牧養。

我們用畢邁克的故事，體會這一段經文的意義。

畢邁克是美國堪薩斯市「國際禱告殿」的總監，為神重用，年輕時英俊挺拔，曾經主演影集，劇中也是飾演牧師。

他年少之時，品學兼優，而且是橄欖球校隊，高中之時，發憤成為基督徒，尤其對電影《十誡》充滿興趣，看了不下十來遍，甚至與同學史蒂夫約定，兩人要去非洲傳福音，靈魂裡充滿熱熊熊的火焰。

他脖子上戴了一個特大號的木頭十字架，手中扛著巨冊《聖經》，昂然走入橄欖球校隊，眾人都在竊竊私語，「畢邁克剛剛受洗，就自封為傳道人。」畢邁克知道人家在笑他，他心中想的是，「為義受逼迫的人有福了。」他滿心想救人，儘管人家看這小子驕傲自大。

畢邁克的不尋常舉止，立刻轟動全校。他的姊姊雪莉被嘲笑，回家對媽媽哭訴：「你一定得阻止弟弟，丟臉死了，同學都在傳，而且知道我是他姐姐，嗚嗚。」雪莉難過得一直哭泣。

畢邁克也對父親畢巴比說：「我再不和你去酒吧鬼混了，爸爸，你與你的朋友，如果不信上帝，將來都會下地獄。」爸爸相當不悅，他有二男五女，是汽車廠的工人，也是拳擊愛好者，喜歡帶著畢邁克，以及比畢邁克小一歲的弟弟佩德，一起練習各種運動，滿身汗臭，走入漆黑黑的酒吧。畢巴比的目標是奧運金牌，他工作八小時，練拳八小時，有一次一晚與人打架，斷了右手，第二天，仍然靠著左手，第二天準時出賽，雖然輸了，卻贏得眾人讚佩。

畢巴比為了確定加入羽量級拳擊賽，擔心體重過重不符合資格，乾脆禁食，結果比賽時餓到昏倒，可是也憑拚命精神，打入美國錦標賽、國際錦標賽。

虎父無犬子，畢邁克八歲之時，已經在父親的嚴格訓練之下，每天做七百個伏地挺身，五百個仰臥起坐。爸爸高興地吼著「你一定會得奧運金牌。」

後來，畢邁克與弟弟佩德迷上了橄欖球，父子三人玩一個球踢來踢去，好不開懷。也一起油漆舊屋，哼著歌曲，充滿著陽剛氣息。

一九七三年，畢邁克高中畢業，進入華盛頓大學，成為醫學院的預科生。他成績優異，是橄欖球明星，又高又帥，當選新鮮人中風雲人物，一切都再美好不過。

有一天晚上，打完球，回到宿舍，門上面貼著一張字條，「畢邁克，趕快打電話回家給你父親。」

電話接通了，畢邁克驚訝地發現，爸爸聲音怎麼一下變得好蒼老：「你趕快回家，弟弟不能動了。」

「怎麼回事？」

「打球時扭斷了脖子。」

有這種事？畢邁克立刻搭夜車，回到堪薩斯。情況比他想像的還要糟糕，醫生說不能開刀，遷往科羅拉多州克雷格復健中心。

佩德的命是保住了，呼吸器也拔出了。但是全身一根指頭都動不了。畢邁克學習幫弟弟洗澡，用棉花棒刷牙，吃東西，並且訓練肌肉。

護士對畢邁克說：「每兩個小時翻身一次。否則容易下痢，引起肺炎，而且小心別發生褥瘡。」

佩德眼中充滿了失望、憤怒、不安、恐懼，每一次哥哥為他翻身，佩德就吼，嘰嘰呱呱亂罵。

畢邁克白天唱著詩歌：「愛是恆久忍耐又有恩慈。」鼓舞自己，半夜睡眼模糊之中，開著鬧鐘兩小時為弟翻身，兄弟二人，眼前一片漆黑，不明白生龍活虎的明星運動員，怎麼會淪落到這等田地。

「你笨死了，翻身都翻不好。」佩德把怒氣發洩到畢邁克身上，畢邁克也一肚子火，充滿了憤怒，想要爆炸。忽然之間，他想到《聖經》之中，耶穌說：一個無知的人，把房子蓋在沙上，雨淋水沖風吹，那麼房就倒塌得很大。」

原來他這個基督徒，內在生命如此脆危，他終於看清自己。

37. 絕對不認輸

畢邁克的弟弟佩德打球扭斷脖子，全身癱瘓，已經夠慘了。再加上爸爸畢巴比只是汽車廠的工人，沒有積蓄，十七歲的佩德當然沒有保險，美國也沒有全民健保，因此全家陷入貧病交迫之中。

由於畢巴比是業餘拳擊選手，在堪薩斯小有名氣，因此朋友們舉辦了兩場慈善比賽，為佩德募款。

堪薩斯市在堪薩斯州，位於美國正中央，是個農業城市，收入不豐。

一九七三年十一月十七日，兩萬觀眾慷慨解囊，連小朋友都跑來，掏光口袋中的硬幣，畢巴比嘴巴張得大大的，眼中飽含淚水。他不斷地鞠躬，道謝，聲音嘶啞：「這是全世界最棒的一座城市，該有人把它寫出來。」

過了幾天，畢巴比吩咐畢邁克「坐下」。

爸爸很少鄭重其事說話，平常都是用圓壯的手臂，緊緊抱住畢邁克，或是用力一拍兒子的肩膀，粗聲大氣講話，而且笑聲不斷。

佩德一病，畢巴比受到刺激，表情也呆滯了，整個人完全垮掉，對畢邁克說：「我知道你是個好基督徒，你也教導我明白了天堂地獄的事，你要在上帝面前答應我，如果爸爸出了什麼事，你要好好照顧佩德。」

「爸爸，你放心，就是我骨頭磨成粉，我一定照顧佩德一輩子。」

幾天後畢巴比出門前，畢邁克突然說：「爸爸，我愛你。」

畢巴比又恢復了陽光笑容：「孩子，我也愛你。」

當天晚上，畢巴比沒有回家，他忽然心臟病發，死了。回天家了。第二天一大早，地方報刊出頭版新聞，「絕不認輸的巴比過世，心臟病突發，享年四十五歲。」畢邁克手握的報紙，全身冷汗，心涼如水。

自從佩德臥床，畢巴比也三不五時前來探望，消息瞞也瞞不住。

畢邁克把報紙攤開給不能動的佩德看，佩德望著標題，不可置信地對畢邁克說：「老爸死了？」

畢邁克點點頭。佩德突然大吼，「你和你的上帝一塊去死吧！」

畢邁克制止，「不可辱罵永生神。」

「上帝是不善良的壞神，祂為什麼允許這種悲慘的事發生，我們又沒有做錯什麼，畢邁克，你不是每天清晨為全家禱告嗎！」

「我是啊，爸爸可能是過勞，你是自己莽撞。」畢邁克試圖解釋。

「我不要聽！」佩德嗚嗚哭了起來，畢邁克不知如何安慰，這時，小妹麗莎跑來說：「媽媽昏倒了，雪莉、莎莉、凱莉、翠西都在哭。」麗莎只有十一歲。

天啊，畢邁克抓著頭要叫救命，媽媽中學畢業，嫁給爸爸，就沒有做過事，突然丈夫過世，留下五女二男，其中一個癱瘓。畢邁克覺得肩上擔子無比沉重，他扛不動，腦中一片暈眩。

接下來的日子，畢邁克與佩德就是嘔氣、吵架，佩德手腳不能動，嘴巴倒是很利，常常吵著要自殺，或是對哥哥說：「如果我有手，我一定揍你。」

畢邁克有手，常常想打弟弟，他為了避免一拳揮過去，只好去洗手間哭，洗一把冷水臉，再回來繼續為佩德翻身，忍受他不停的叫罵。

有一回，媽媽來了，看到十七歲的病人，十八歲的陪伴者，兩人互相仇視，空氣緊繃，她覺得自己又要昏倒了，立刻下令，「畢邁克，回學校去，再留在醫院，我會馬上暈倒。」

畢邁克噙著淚水，衝出醫院，逃到密蘇里大學就讀，住校。週六日才返家，也不看佩德，不想再進入悲悲慘慘，充滿痛苦的醫院。

他的良心不安，他怎麼答應爸爸的，要照顧佩德一輩子，才不到一年畢邁克就落荒而逃。他痛恨自己懦弱、膽小、失敗，恨不得用刀捅肚子。

另一方面，畢邁克氣憤上帝，為什麼下手如此狠，神不是萬能的神嗎？畢邁克對神如此忠心耿耿，換來的是家破人亡。他翻開《聖經》，看到雅各書中一句：「我的弟兄們，你們落在百般試煉中，都要以為大喜樂。」他嚇得快闔上聖經，父親一下子死了，弟弟一下子脖子斷了，這要如何大喜樂，對不起，他當不起基督徒。

畢邁克沒有路可走，他覺得自己像雅歌中形容的「蒙著臉的人」，羞恥的人，沒有朋友，完全無助，抬頭望天，他還是相信有一位天父的，他又無奈翻開《聖經》。

約翰福音有一句話，「你們不肯到我這裡來得生命。」他突然驚醒，他不能光讀《聖經》，他要找天父爸爸，他大聲喊，「天父爸爸，我是畢邁克，我前面有一片黑暗，祢趕快救我。」

突然間畢邁克想起了等待浪子回家的父親，他覺得天父爸爸用力擁抱他，抬起他失望的下巴，對著他笑，彷彿在鼓勵他：「找到爸爸就不怕了。一切我都知道，我會帶你重新站起來。」

天父爸爸的雙臂比親生爸爸的臂膀更有力，畢邁克握緊拳頭，重複念著爸爸畢巴比的座右銘「絕對不認輸」。

38. 又再站起來

畢邁克絕不認輸。可是內心裡老是有聲音跑出來，「你是懦夫，你拋棄弟弟，你欺騙父親，你現在是膽小鬼」。

他不知道是內心的呢喃，還是撒但作祟。這時，畢邁克就翻開《聖經》用神抵擋仇敵攻擊。

美式橄欖球的比賽，經常雙方在泥地中，滾成一團搶球，畢邁克是球員，他感覺身體中有兩股力量，互相用力拉扯。摩西當過殺人犯，大衛曾經奪妻害命，喇合原本是妓女，路得是窮寡婦，靠著上帝翻轉生命。

「對！」畢邁克一拍大腿，「我不成熟，我失敗了，天父爸爸仍然愛我，我必再起。」

畢邁克走在路上，大聲唸著「我一生一世必有恩惠慈善隨著我。」他學習不理會環境，躲在神的愛中。

有一天，他讀到雅歌八章六節「求祢將我放在心上如印記，戴在臂上，因為愛情如死之堅強，所發的電光是火焰的電光，是耶和華的烈焰。」

他用手蒙住眼睛，開始笑，是的畢邁克需要強烈、溫暖，父親般的愛，這種愛只有神才能夠源源不絕供給。

這時，突然，電話大響，他拿起來，把話筒放在桌上。過一陣子，放回去，電話又響，是個不死心的可厭打擾者。

畢邁克拿起電話，對方興奮地說，「邁克，昨天晚上，作了一個奇怪的夢，上帝說，你告訴畢邁克，去看雅歌八章六節。」、「神說，你要將神放在心上如印記。」

「什麼？」畢邁克驚訝得說不出話來，他大聲地回應，「我正在看八章六節。」

「有這麼巧的事？」對方也不可置信。

耶穌要我當祂的心上人，祂要我也把耶穌當心上人。彼此心心相印。

原來，根據《聖經》，神先愛我們，只是人沒有回應。

畢邁克心裡甜甜的，他立刻前往醫院，去看久未見面的佩德。

佩德仍然如一棵植物，直挺挺躺在床上，眼睛半瞇著。

畢邁克叫醒了佩德，佩德低沉地說，「我想死，拿一把槍來，開一槍，我早點死。」

這段老台詞，已經上演多次，畢邁克決心嚇他。

「佩德，別擔心。」

「你一定會死，早晚都會死，只是你是橄欖球健將，一下死不了。」

「我想早點死，趕快死。」佩德開始發脾氣。

畢邁克平靜地說，「很好，你死了，沒有信耶穌，又沒有做什麼好事，將來審判時，一定下地獄，燒到永遠，痛到永遠。」佩德嚇醒了，「有這種事？」

「你看，」畢邁克把《聖經》翻開，翻到馬太福音十三章四十九節，「世界的末了，也要這樣，天使要出來，從義人中把惡人分別出來，丟在火爐裡。在那裡必要哀哭切齒了。」指在佩德眼前，佩德眼睛好，馬上看清楚，心中一驚。

「邁克，我癱在這裡，我如何當義人？」

「你可以的。」

接著，邁克娓娓道來，自己如何遇見神，佩德聽了搖搖頭，「那是你，我不能動。」

「不能動也能傳福音。」

「傳福音？」

「是的，我決心人生當牧師，帶人們認識上帝，將來上天家，在活著的時候，也過著如在天的幸福。」

「佩德，我們一起來學習。」畢邁克緊緊握住佩德的手。雙方都有溫暖的感覺，彷彿回到往日。

「你動不了，也死不掉，你得冷靜下來，面對現在真實的景況。」

佩德又想哭了。

「不要哭，你有頭腦，眼睛，耳朵，鼻子，嘴巴，而且，最重要的是，耶穌愛你。」

「耶穌為什麼要愛我，我有什麼地方值得祂愛？」

「你是沒有。」畢邁克想一想說，「記得小時候，我們愛看的漫畫，淘氣的阿丹嗎？」

「當然記得。」

「阿丹和他的女朋友小猴兒，到鄰居太太那裡，淘氣搗蛋鬧了一整天，黃昏時候要回家，魏太太拿出剛烤好香噴噴的小餅乾，一人給了一包。」

阿丹下台階時，對小猴兒說：「魏太太送我們餅乾，不是因為我們乖，是因為魏太太是好人。」

佩德笑了起來，「我記得，我喜歡阿丹。」

所以，耶穌愛我們，不是因為我們有多好，而是祂是好神。任何人，無論處在任何困境，只要開始尋找耶穌，都可以有一個新的開始。

佩德望著畢邁克，想起當初他拂袖而去的情況，現在的溫柔慈祥，真的不一樣了。

因此，佩德乖順地說，「好，哥，請帶領我，我的身體釘死在床上，希望我的內心能又再次動起來。」

39. 火湖救生員

邁克對弟弟佩德說，「寶貝，我們每天都將自己交託在另一個人的手中，你搭飛機，把命交在機師手中，動手術，把命交給外科醫師手中。」

「每個人的生命都是殘破不全的，信心就是把生命交到耶穌手中，讓祂成為我生命的主，為我的生命負起責任，相信祂為我死，我為祂活，且帶我回天家。」

佩德點點頭，開始笑，他已經多久沒有笑過了啊。

邁克回他一個更大的微笑，輕嘆一口氣：「每次到醫院，都好怕看見你的床是空的，答應我，如果有一天，你真的走了，讓我相信你是回到天家，與耶穌完婚，過著美好永恆的生活。」

「啊，邁克，我還不想那麼早死掉。」

「你不是剛剛一直吵著要自殺。」

佩德笑了起來，「其實，我也怕死，更怕你說的地獄，何況你現在對我這麼好。」

「可是，我還是憂傷啊，如果沒有那次比賽，沒有癱瘓在床上該有多好，我才十七歲就被判了無期徒刑。」

畢邁克突然出現欣慰感恩的表情，「也許上帝自有美意？」

「什麼？」佩德又吼了起來。

「假如你不是不能動，你會聽我講天堂與地獄嗎？」

「現在你要脫離火湖，第一件事讚美神，《聖經》裡面有一句話很有意思，用讚美衣代替憂傷，因為人沒有辦法趕走憂傷，只有讚美神，天上會掉下一件衣服，彷彿耶穌的愛已包緊你，你就喜樂了。來，我教你唱一首歌，讚美主，哈利路亞……」

「有這種事，衣服看得見嗎？」

「自己會感覺到，別人會看見，從現在早上十點起，你一直唱，明天再來看你。」畢邁克俯身親了一下佩德，離開病房。

佩德開始唱「讚美主……」唱得搖頭晃腦，到了晚上，自自然然放鬆了，睡著了，像一隻小豬般睡得香甜，自從出事以來，他怎麼也不得安眠，終於，可以一覺到天明。

第二天，護士來看佩德說：「真難得，你昨天晚上沒有大吼大叫，竟然連安眠藥也沒吃。」

護士笑了起來，好美。佩德一向痛恨醫院，討厭護士，護士也沒給佩德好臉色看。讚美衣果然存在。

這時，畢邁克先走了進來，帶來了許多錄音帶，請護士放給佩德聽，佩德開始有些想接近神。當他聽到詩篇中一句「我幾次流離，你都記數，求你把我眼淚裝在你的皮袋裡，這不都記在你冊子上嗎？」

佩德突然大哭起來，「我是世上最可憐的人，每天哭，又沒有手擦淚痕，臉上像塗滿了強力膠。」

這時，護理師拿了一條熱毛巾，擰乾，溫柔地幫佩德擦把臉，畢邁克拿出一面鏡子擺在佩德眼前說，「好帥。」

佩德破涕為笑，「從小大家就說我長得好看。」

從此，佩德放下自怨自艾，聽經、禱告、懺悔、唱詩歌，有一天，他猛烈聽到一個聲音，「爸爸在你身邊，你怕什麼？」

佩德一驚，這不是父親的聲音與口氣，那麼，豈不是天父爸爸在說話嗎？他也覺得自己如小鳥依人，躲在耶穌身旁，只是，耶穌希望祂的未婚妻是勇士。

他癱在床上，如何當耶穌精兵。

有一天，護士帶來一位漂亮卻又憔悴的少婦來，護士說，她已經自殺三次了，這是第四次安妮自殺被救住院。

安妮坐在佩德病床前，哭哭啼啼：「我愛約翰，我這麼愛他，把錢全給了他，他一次一次外遇，完全不顧我的感受！」

安妮傷心地一邊哭，一邊敘述她的悲慘婚姻，足足講了四、五個小時，佩德心中湧著同情。佩德知道想死的滋味，也明白人若有自殺念頭，自殺的邪靈就會前來糾纏。

「安妮，你說的都是真的，我完全了解。你看，你還有能力自殺，我連手腳都不能動。」

安妮停止了哭泣，回頭注意佩德，「啊，對不起，我只想著自己好可憐，沒有注意到你的悲哀。」

「不要自責，每個人都一樣，耶穌愛我們，不是因為我們可愛，而是因為祂就是愛。如果我們找到耶穌，體會祂的愛，就可以得到重生。」

安妮望著佩德，一下怔住，佩德說：「我來教你如何找到耶穌，你暫且放下所有苦毒仇恨憤怒，好不好？」

在佩德的引導之下，安妮找到了神，恢復了快樂，也追回了先生的心，於是，醫院中許多不想活，死不掉的病人，甚至欠了債，染上毒癮，各式病人與家屬聞風而來。尋求佩德的幫助。

佩德每次帶人信主，他覺得自己彷彿是火湖旁的救生員，把人們自現在，乃至死後的地獄中救了出來。當橄欖球明星救球很威風，救人的靈魂滋味更美。

他被釘在床上，似乎是小耶穌釘在十字架上，他口中說出安慰人的話，都不是他講的，而是耶穌在他肚子裡頭說的，他只是耶穌說話的代言人，好像在表演腹語。

十七歲癱瘓，整整三十三年不能動，佩德帶了數千人信主，五十歲時，安然返回天家。

40. 嬰兒的馨香

佩德的重生，帶來許多人生命的轉變。

以前，畢邁克走進醫院，護理人員紛紛來告狀：「你該管一管你弟弟，我們沒有人敢接近他，他像一隻憤怒咆哮的狗，如果放開拉繩，就會撲上來，咬你一塊肉。」

自從信了耶穌，相信耶穌愛他，也因為自己見證，帶給別人希望之後，佩德從憤怒的惡魔，變成溫暖的天使。

這一回，佩德正在睡覺，俊美的臉蛋，粉嫩的皮膚，濃濃的睫毛，睡得香甜，他入院時才十七歲，護理人員都比他年長，都目睹這一幕神蹟，格外關愛他，把他當弟弟。

「佩德像不像嬰孩？我們護理人員都說，他身上散發嬰兒的奶香。」

「有這種事？」邁克俯身，果然佩德鼻孔中，噴出嬰兒剛剛吃過奶以後，混合著體味的特殊香味。什麼時候，球場上橫衝直撞的臭小子，變成香香天使。

佩德睜開了眼睛，看到邁克，點點頭說：「耶穌愛我，我也愛耶穌，但是耶穌愛我，超過我愛祂。」

「當然。」畢邁克說，「原來《聖經》中所說的馨香之氣，就是這種味道。表示神同在。」

佩德清新、純淨、溫柔、軟和，忘掉自己的不幸，轉而憐憫、同情、安慰、鼓勵周圍的人。每個人都有創傷、苦毒、怨恨、失望，佩德的手腳都癱瘓了，他的眼神，他的表情，他的聲音，他的笑容與香氣，卻散發出耶穌的愛。

生命之中，最重要的就是愛，沒有神的愛，人的愛，彷彿植物缺了陽光與水，只有枯萎而死。

畢邁克二十一歲時，開始牧養教會，有一天，他看到隔壁房間一位金髮、碧眼、甜美的女孩，畢邁克一陣暈眩，突然想起《聖經》約翰福音中一句話，「父啊，我在哪裡，願祢所賜給我的人也同我在那裡。」

他突然明白，原來，耶穌希望與他同在，就是這種強烈的感覺，是愛啊。

真是感謝主，黛安也目不轉睛望著畢邁克，他們陷入熱戀，一起讀神的話，他們喜歡搬兩張椅子，眼睛對著眼睛，膝蓋對著膝蓋，鼻息對著鼻息，討論《聖經》的話語，他們最喜歡雅歌，尤其第一章十五節「我的佳偶，你甚美麗，你的眼好像鴿子眼。」由於他倆的相戀，他們開始明白耶穌對他們的愛，是女人心目中最完美的新郎模樣，也是神理想之中夫妻典範。

鴿子的眼睛非常特別，目不轉睛，牠是單眼視覺，而非雙眼視覺，是有定向導航的功能，並且形成深刻的記憶，一點點風吹草動，立刻警覺，超級敏感，無論閃光，聲音，顏色，牠都能夠在第一時間察覺變化。

鴿這個字，就是一合一鳥組成，牠們是恩愛夫妻，也能與其他鴿子合作，自己審慎選擇配偶，一夫一妻，彼此凝視，絕對的深情，無比的專注。

鴿子是戀家的，任何的美景，不如家中舒適，一天到晚要回家。如果將鴿子放在百里、千里之外，牠們表情之中，似乎叫嚷著，「為什麼我不能回家，我這心中不服氣啊。」於是，他會用盡一切方法，以最快速度奔回家園。鴿子不但不像一般禽類畜牲，濫交濫配，牠甚至對其他異性鴿看也不看，完全做到約伯記所說：「我與眼睛立約，怎能戀戀眺望處女呢？」

母鳥因此感嘆，讚美她的良人，「他的眼睛如溪水旁的鴿子眼，用奶洗淨，安得合式。」

公鳥也同樣憐愛純情母鳥，「我的鴿子，我的完全人。」

鴿子翅膀長，肌肉壯，飛行快速有力，如果牠們生了鴿寶寶，不像其他動物，母的留守，公的四處遊蕩，雄鴿竟然還會做家務，回去孵蛋，二人輪流，同心撫養小寶貝。公鴿每天上午九點上班，入巢孵化，母鴿此時出外覓食，到了下午碰頭交班，換母鴿入巢孵化，外面天黑，公鴿守護。

幼鴿出生後，公母鴿共同分泌乳汁，哺育鴿寶寶，守護家園。工作繁忙，你眼中有我，我眼中有你，成雙成對，甚少走失。因此，若是一方死亡，另一方會惦記難過，不願再婚。

此情此景，使人想到，中國古代傳說中的比翼，此鳥僅有一目一翼，雌雄並翼同飛，形影不離，因此白居易的長恨歌中有謂「在天願作比翼鳥，在地願為連理枝。」

耶穌自比為鴿子，良人，《聖經》中也說聖靈降到耶穌身上，彷彿鴿子。耶穌愛世人，以鴿子般純情的眼睛注視人們，可惜人們經常不理會。

假如人們也定睛於耶穌，彷彿一對鴿子互視，明白神愛我們，接納、看重我們，我們會有自我價值，得到肯定與安全感，那時，別人的批評，不再左右我們的情緒。我們愛耶穌，討神喜悅，成為神的愛人，愛神的人，也沒有興趣犯罪，如戀愛中的男女，充滿新鮮活力。

大衛並不完美，但他愛神，也嘗到被愛，他覺得神的眼睛，一直牢牢深情看著他，因此他寫道「我坐下，我起來，祢都曉得，祢從遠處知道我的意念，祢在我前後環繞我，按手在我身上，我若展開清晨的翅膀，飛到海極居住，就是在那裡，祢的手必引導我。」

耶穌是如此深情良人，可嘆的是，這些事向聰明通達人就藏起來，向嬰兒就顯出來。

國家圖書館出版品預行編目資料

吳姐姐講聖經故事——⑥聖經中的愛情／吳涵碧著.--初版.--臺北市：皇冠文化. 2022.05
面 ;公分（皇冠叢書；第5020種）

ISBN 978-957-33-3883-3(平裝)

241　　111005114

皇冠叢書第5020種

吳姐姐講聖經故事

⑥聖經中的愛情

作　　者—吳涵碧
發 行 人—平　雲
出版發行—皇冠文化出版有限公司
台北市敦化北路 120 巷 50 號
電話◎02-27168888
郵撥帳號◎15261516號
皇冠出版社（香港）有限公司
香港銅鑼灣道 180 號百樂商業中心
19 字樓 1903 室
電話◎ 2529-1778　傳真◎ 2527-0904
總 編 輯—許婷婷
責任編輯—平　靜
美術設計—嚴昱琳
行銷企劃—鄭雅方
著作完成日期—2021年12月
初版一刷日期—2022年5月
初版二刷日期—2023年6月
法律顧問—王惠光律師

讀者服務傳真專線◎02-27150507
電腦編號◎ 350106
ISBN◎978-957-33-3883-3
Printed in Taiwan
本書定價◎新台幣280元/港幣93元